에너지 대전환

— 화석연료 기반경제의 붕괴와 新에너지 경제의 부상 —

레스터 브라운 지음

정성우·조윤택 공역

어문학사

서문

에너지전환이 완전히 새로운 현상은 아니다. 수백 년 전에는 목재에서 석탄으로의 이행이 있었다. 또한, 150여 년 전에는 전 세계 최초로 유정이 발굴되었다. 우리는 지금 새로운 에너지전환의 출발점에 서 있다. 석탄과 석유를 주원료로 움직이는 경제에서 태양과 바람을 원동력으로 하는 경제로 우리를 이끄는 대전환이 진행 중이다. 시작된 지 얼마 되지 않은 이러한 이행은 50년에 걸쳐 점진적으로 나타날 변화가 향후 10년 동안 지극히 압축된 형태로 나타날 것이다.

본서의 목적은 에너지 대전환이 어떻게 전개되기 시작했는지를 독자에게 생생하게 전달하는 데에 있다. 본서가 다루는 범위는 광범위하고 시점은 전 지구적이지만 '전 세계 에너지경제에 관한 포괄적 조사'를 의도한 것은 아니다. 본서에서 언급되는 기술은 각각 그것만으로도 책 한 권을 족히 쓸 수 있을 정도로 관련 내용이 많기 때문에 본서에서 이를 상세하게 다루는 것은 사실상 불가능하다. 에너지전환에서 중요한 에너지 효율과 스마트 그리드, 산업부문의 에너지 절약 기회, 전지를 비롯한 에너지 저장 등의 주제에 대해서도 똑같이 말할 수 있다.

'주목'해야 할 기술 중 하나인 수압파쇄법(일반적으로는 「프래킹」으로 알려져 있음)은 하락 경향이었던 미국의 석유와 가스 생산량 곡선을 상승국면으로 전환시켰다. 프래킹은 '에너지 혁명의 창조자!'로 칭송되었지만 동시에 매년 새롭게 채굴되는 수천 곳의 항정 주변 주민의 생명과 환경을 훼손시킨다고 격렬하게 비난받고 있다. 본서에서는 단기적인 임기응변적 대응 조치가 아니라 진정한 의미의 에너지혁명을 만들어 가는 현장의 생생한 모습을 전달하고자 한다.

태양은 중요한 에너지원이다. 인류는 오랜 기간 동안 석탄과 석유, 천연가스로 모습을 비꿔온 "화석화된 햇빛(태고의 유기물에 수백만 년의 시간 동안 열과 압력이 가해져서 생긴 물질)"에 의존해 왔다. 이들 연료는 에너지 밀도가 단연 높은, 매우 우수한 연료이다. 그러나 동시에 믿기 어려울 정도로 오염을 발생시키고 기후를 불안정하게 하고 최종적으로는 고갈되는 물질이다. 언젠가 우리의 후손은 '선조들은 왜 자연이 주는 혜택을 이렇게까지 빠른 속도로 채굴하여 소진해버린 것일까. 그 과정에서 경관을 훼손시키고 공기를 오염시키고 지구의 기후를 불안정하게 하고……'라며 믿기 어려운 표정으로 고개를 갸우뚱거릴 것이다.

에너지전환이란 보다 클린하고 고갈되지 않는 에너지원을 선택하여 화석자원에서 멀어지고자 하는 움직임이다. 우리가 특히 주목하고 있는 것은 태양과 풍력이다. 왜냐하면 낮은 비용으로 발전이 가능하고 최근 급속히 성장하는 등 막대한 잠재가능성이 있기 때문이다. 어떠한 국가도 태양 및 바람에서 에너지를 얻는 것이 가능하며 매년 그 비용이 하락하고 있다. 오늘 태양 및 풍력에너지를 대규모로 사용한다 해도 내일 사용할 수 있는 에너지는 전혀 줄어들지 않는다. 한 번 태양광에너지 설비 및 풍력터빈에 투자되면 이후 연료비는 전혀 들지 않는다. 월가의 투자자들과 각국 정부는 최근에 들어서야 이러한 기본적 사실을 인식하기 시작했다.

화석연료는 직접적으로는 정부 지출 및 조세 정책을 통해, 간접적으로는 우리의 건강과 환경에의 영향(사회적 비용)을 통해 폭넓게 지원되어왔다. 그나마 희망적인 소식은 중국의 석탄 소비량이 최고점을 향하고 있다는 점이다. 대기오염에 대한 국민의 불만이 고조되고 석탄의 사회적 비용이 더 이상 무시할 수 없을 정도로 커졌기 때문이다. 중국은 현재 여타 모든 국가의 석탄 소비량을 합한 것보다 많은 석탄을 사용하고 있지만 이러한 중국에서 석탄 소비가 계속해서 줄어든다면 석탄은 전 세계적으로 아무도 예상하지 못한 속도로 모습을 감출 수도 있다.

．

원자력 비용도 막대한 보조금으로 왜곡되어 있지만 경제성 측면에서도 원자력은 선택되지 못할 가능성이 있다. 실제로 10여 년 전부터 세계 각지의 원자력발전은 감소하고 있으며, 이는 원자력발전 비용 계산이 왜곡되어 있었기 때문이다.

한편, 태양광과 풍력의 발전 설비는 맹렬한 속도로 증가하고 있고 태양광과 풍력의 발전량 기록은 지자체 수준뿐만 아니라 국가 수준에서도 갱신을 거듭하고 있다. 경쟁상 약점은 여전히 있지만 태양광과 풍력발전 비용은 상당히 낮아졌고 석탄을 따돌리기 시작하고 있다.

지열의 발전 비용은 태양광의 비용 하락 속도보다는 완만하지만 지중열이 풍부한 지역에서 지열에너지는 중요한 기저 전원(발전 방법 중 핵심이 되는 전원으로 연료비가 저렴하고 매일 일정량의 전력을 지속 생산하는 발전원)으로 사용이 가능하다. 게다가 해가 저물고 바람이 잠잠한 때에도 지열은 바로 출력을 높일 수 있다. 수력(현재 독보적인 최대 재생에너지원)도 유사한 기능을 수행하고 있다. 그러나, 세계 대부분의 지역에서 대형 댐을 건설하는 시대는 끝났다. 아직 전기 없이 생활하는 13억의 사람들에게는 대규모 수력발전프로젝트보다도 태양광 패널로부터 전력을 신속하고 낮은 비용으로 얻을 수 있다. 또한, 이는 큰 사회적 혼란 없이 진행될 수 있다.

본서에서 다루지 않는 재생에너지원에 식물이 있다. 이른바 바이오매스와 에탄올 및 바이오디젤 등 식물에서 유래되는 운송연료다. 현재 바이오매스에 의한 발전량은 태양광에너지의 3배 규모이지만 성장 속도는 태양광보다 훨씬 완만하다. 과거 3년간 태양광에너지는 매년 60%의 신장세를 보였지만 바이오매스는 7%에 불과하다.

또한, 바이오매스의 잠재적 가능성도 제한적이다. 식물연료는 화석연료에 비해 에너지 밀도가 매우 낮다. 식물에서 유래하는 연료 생산에 투입되는 대량의 에너지를 생각하면, 에너지 수지 측면에서 플러스는 소폭에 불과하다. 이에 비해 자동차에 의한 에너지 소비량은 엄청나다. 대형 SUV의 탱크를 에탄올로 가득 채우기 위해서는 한 사람에게 1년간 필요한 정도의 곡물이 필요하다. 미국의 막대한 옥수수 수확량 전부를 에탄올로 전환시킨다 해도 미국 내 가솔린 수요의 18%만을 충족시킬 뿐이다. 이를 감안하여 본서는 운송시스템을 액체연료에서 전력으로 전환하는 방안을 제안하고자 한다.

10억 가까운 인간이 영양부족으로 고통을 겪고 있는 반면 농가는 수요를 충족시키기 위해 생산량 확대에 필사적인 현재 세계 식량 상황을 생각하면 부족한 토지 및 수자원을 에너지 생산용으로 전용하는 것은 거의 불가능할 것이다. 여기에서 태양광 및 풍력에너지 프로젝트의 손을 들어주게 된다. 이들은 화석연료와 원자력발전과 달리 대량의 냉각수를 필요로 하지 않으며 넓은 토지가 없어도 된다.

본서의 마무리 작업을 진행하면서 느낀 것은 '우리는 경주의 한복판에 서 있다'는 것이었다. 그것은 두 방향으로의 전환점을 둘러싸고 벌어지는 경주이다. 세계 경제가 태양광 및 풍력으로 신속하게 이행하여 기후변화로 제어불능이 되는 상황을 회피할 수 있을까. 그렇지 않고 더위로 인류가 쪄죽을 때까지, 최후의 탄화수소를 고갈시키면서까지 막다른 골목을 향해 줄곧 달려갈 것인가.

낡은 에너지경제는 화석연료가 매장되어 있는 장소를 알고 있는 자에 의해 빈틈없이 관리되었다. 새로운 에너지경제는 훨씬 민주적이다. 태양과 바람은 인간이 살고 있는 곳이라면 어디에서나 이용할 수 있다. 본서『에너지 대전환』을 통해 모습을 막 드러내기 시작한 이 새로운 에너지경제를 생생하게 들여다볼 수 있을 것이다.

2015년 1월

지구정책연구소

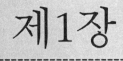

제1장

방향 전환

전 세계적으로 화석연료에서 재생에너지로의 전환이 진행 중이다. 화석연료 자원이 줄어들고 대기오염이 악화되었을 뿐만 아니라 기후 불안정에 대한 우려로 인해 석탄, 석유 및 천연가스의 미래가 어두워지면서 새로운 에너지경제의 윤곽이 조금씩 드러나고 있다. 석탄과 석유를 주원료로 한 구경제는 태양광과 풍력을 에너지원으로 운영되는 신경제로 대체되고 있다.

우리는 지금 새로운 경제가 형태를 갖추어가는 모습을 확인할 수 있다. 2013년 덴마크는 풍력발전으로 총 전력 소비량의 약 34%를 생산하였다. 더구나 2014년 1월에는 동 비율이 자그마치 62%까지 상승하였다. 포르투갈과 스페인 양국은 모두 2013년에 풍력을 통해 20% 이상의 전력을 충당하였으며 아일랜드는 17% 수준이었다. 하지만 아일랜드에서는 풍력발전이 총 전력의 절반을 공급한 날도 여러 차례 있었다. 스페인에서는 풍력이 원자력을 제치고 가장 비중있는 전력원으로 부상하는 날도 머지않았다. 영국에서는 2014년 8월 풍력이 석탄발전보다 많은 전력을 생산한 날도 여러 번 있었다.

또한, 호주 남호주 주에서도 새로운 형태의 에너지경제가 출현하고 있다. 현재 남호주 주에서는 풍력발전단지가 석탄화력발전소보다 많은 전력을 공급하고 있다. 2014년 9월 30일에는 풍력과 태양광발전만으로 주 전체 전력 수요를 상회하였다. 중국에서는 풍력발전단지의 발전량이 이미 원자력발전량을 넘어서고 있다. 그리고 중국의 1억 7천만 세대는 지붕 위 태양열 온수기를 통해 급탕을 하고 있다.

미국의 경우, 남서부지역에서 수백 개에 달하는 대규모 태양광발전소가 개발 혹은 건설 중이라는 점에 비추어 볼 때, 에너지전환이 이미 시작되었다고 할 수 있다. 아이오와 주와 사우스다코다 주에서는 각각 전력의 26% 이상이 풍력발전단지에서 생산되고 있다. 2018년에는 풍력이 아이오와 주 발전량에서 차지하는 비율이 50%에 달할 가능성이 있다. 텍사스 주에서는 현재 전력 소비량의 10% 가까이를 풍력으로 충당하고 있으며 거대한 풍력발전단지와 장거리 송전망도 건설 중이다. 향후 이를 통해 풍력에 기반한 저렴한 전력이 루이지애나 주와 미시시피 주로 판매될 것이다.

태양광과 풍력의 발전 단가는 급속히 하락하고 있고 전력 시장에서 화석연료보다 저렴한 국가 및 지역이 확대되고 있다. 2014년 7월 실시한 덴마크 정부의 조사에서는 2016년 가동하는 신규 풍력발전은 석탄 및 천연가스발전의 절반 정도 가격으로 전력 공급이 가능할 것으로 전망되었다. 태양광 붐이 확산되고 있는 호주 일부 지역에서는 태양광발전 비용이 화석연료의 발전 비용을 크게 하회하고 있다. 또한, 정부 데이터를 활용한 2014년 분석에서는 〈배전비용이 높다는 것은 석탄화력발전을 위해 석탄이 무료로 공급된다 하더라도 태양광발전과 경쟁하기 어렵다는 것을 의미한다〉고 지적될 정도였다.

에너지전환은 뜻밖의 장소에서도 진행되고 있다. 태양광과 풍력발전의 비용 하락을 배경으로 아프리카에서의 대규모 투자가 확대되고 있다. 블룸버그 뉴에너지 파이낸스의 2014년 8월 보고에 따르면 아프리카의 2014년 재생에너지 설비 도입 규모는 이전 14년 동안의 재생에너지 도입 총량을 상회할 것으로 전망되었다. 중남미 국가들에서도 태양광 및 풍력의 보급이 빠른 속도로 진행되고 있다.

화석연료로부터 재생에너지로의 대규모 전환에 박차를 가하고 있는 것은 몇 가지 우려와 관심 때문이다. 그중 하나는 기후변화와 그것이 우리의 미래에 미치는 영향이다. 두 번째는 옥외 대기오염으로 매년 300만 명이 목숨을 잃고 있다는 것에서 알 수 있듯이 화석연료의 연소에 의해 오염된 공기가 건강에 미치는 영향이다. 세 번째는 에너지 생산과 에너지 안보 전반을 에너지 생산지역에서 자체적으로 제어하고자 하는 욕구이다.

이러한 사람들의 우려에 대응하기 위해 정부 정책—배출 규제, 재생에너지 보급 목표 설정, 보조금—은 태양광과 풍력 등을 비롯한 재생에너지로의 전환을 촉진하고 있다. 또한, 석탄과 석유를 대체할 수 있는 클린에너지의 필요성이 분명해짐에 따라 투자업계도 태양광과 풍력에 대해 높은 관심을 보이고 있다. 투자은행뿐만 아니라 억만장자들도 재생에너지에 대한 관심이 높아 관련 분야에 막대한 투자가 이루어지고 있다. "스마트 투자자금"이 에너지경제의 비교적 새로운 분야에 유입되고 있는 것은 향후에도 보다 많은 투자가 지속될 수 있다는 것을 암시한다.

과학자들이 수십 년 전부터 지속적으로 지적해 온 것처럼 석탄, 석유, 천연가스의 연소에 의한 CO_2 배출이 기후변화의 원인이다. CO_2를 비롯한 온실효과 가스의 대기 중 농도가 높아짐에 따라 지구의 기온은 상승한다. 그 결과, 빙하가 녹거나 해수면이 상승하거나 가뭄이 심각해지는 지역이 발생하게 된다. 또한 호우는 더욱 심해지고 폭풍우는 보다 파괴적으로 변화하고 있다. 세계가 지금과 같이 화석연료에 크게 의존하는 상황이 지속된다면 전 세계 평균 기온은 2100년까지 최대 6도 상승할 가능성도 있다. 빙하가 녹고 바다가 열팽창하게 되면 금세기 중에 해수면이 1.8m가량 상승할 수도 있다.

그렇게 되면 많을 것을 잃게 된다. 그 이유는 식량 안보에 대해 깊이 고민하지 않아도 쉽게 알 수 있다. 스탠포드대학의 한 조사에 따르면 미국의 약 600개 지역을 대상으로 과거 기온과 옥수수 수확량과의 관계를 분석한 결과, 〈발육기에 기온이 평균보다 1도 상승할 때마다 수확량은 17% 감소한다〉는 것이 밝혀졌다. 전 세계적인 주식인 보리와 쌀도 유사하게 기온 상승의 영향을 받기 쉽다. 금세기 중에 기온이 6도 상승한다는 예상에 비추어 보면 작물을 시들게 하는 열파의 도래로 인한 수확량 감소로 식량 가격이 일찍이 없을 정도의 수준까지 상승하여 결과적으로 식량 경제가 대혼란에 빠질 가능성이 있다.

해수면 상승으로 인도와 방글라데시에 걸쳐있는 광대한 갠지스 삼각주와 베트남의 메콩 삼각주 등 풍요로운 농작지대인 아시아의 하천 삼각주가 수몰될 우려가 있다. 해발이 낮은 하천 삼각주에서는 대량의 쌀이 생산되기 때문에 결과적으로 전 세계 주식인 쌀은 기온 상승의 영향을 크게 받는다.

해수면 상승은 아시아의 수전지역뿐만 아니라 뉴욕, 동경, 런던, 상해, 뭄바이 등 세계 유수 규모의 인구를 보유한 도시에도 심각한 위협을 가한다. 이러한 도시에 거주하는 주민은 댐이나 제방 등의 보호구조물을 만들어 '버티면서 싸울 것'인지, 아니면 해발고도가 높은 토지로 이주할 것인지를 결정해야 할 것이다. 식량 가격 상승과 도시 침수의 복합적 영향이 초래하는 사회비용으로 인해 세계 경제가 크게 침체될 가능성도 있다.

시간이 모든 것의 열쇠를 쥐고 있다. 시간을 돌려 지구의 기온 상승을 막는 것은 불가능하다. 기온 상승 현상은 이미 진행 중이다. 다만 전시와 같은 절박감을 가지고 CO_2 배출량을 대폭 삭감한다면 기온 상승은 둔화되어 기후변화가 도저히 손쓸 수 없는 상태가 되는 것을 막을 수도 있다. 즉 세계의 에너지경제를 재구축해야 한다는 것이다. 화석연료와 이별하고 에너지효율을 중시하고 재생에너지의 이용을 신속히 확대해야 한다.

　　다행히도 에너지전환은 대부분의 사람들이 인식하는 것보다 훨씬 빠른 속도로 진행되고 있다. 그리고, 그것은 향후 더 가속화될 것이다. 우리는 향후 10년 이내에 과거 50년 분에 해당하는 변화가 일어날 것으로 보고 있다. 화석연료는 주로 광물에 의존하고 있기 때문에 해당 연료가 부족해짐에 따라 에너지 비용이 점차 상승하지만, 풍력 및 태양광발전은 기술 의존형으로 과학이 진보함에 따라 비용은 하락한다. 어느 나라에도 자국 내에 재생에너지가 존재한다. 태양광에너지도 풍력에너지도 광범위하게 분포되어 있고 사용 가능량도 무한대다. 석탄과 석유와는 대조적으로 태양광과 풍력에너지는 '오늘 사용한 만큼 내일 사용량이 줄어드는' 에너지원이 아니다.

태양광을 전력으로 변환시키는 태양전지의 이용은 전 세계에서 매년 50%를 넘는 속도로 확대되고 있다. 초기 태양광발전 설비는 대부분 소규모로 주택 지붕 위에 설치하는 것이 일반적이었다. 그러나 현재에는 지붕에 설치된 수백만 대에 더해 수천 건의 대규모 태양광 프로젝트가 개발 혹은 건설 중이다.

2014년 초 시점에서 전 세계에 건설된 태양광 발전시스템의 최대 출력은 원전 100기분에 상응한다. 기술이 진보되고 태양광 발전시스템의 가격이 하락함에 따라 지붕설치형 설비(주택용 및 상용) 확대가 가속화되었고 이에 따라 많은 지역과 전력시장에서 전력회사가 차지하는 비중이 축소되고 있다. 시장이 축소되면 전력회사는 가격을 인상시키지 않을 수 없다. 하지만 가격 상승은 보다 많은 태양광시스템을 설치하도록 영향을 미치게 된다. 이러한 사이클은 한 번 궤도에 오르면 자기강화형 루프가 되어 전력회사들이 '죽음의 사이클'로 내몰리게 되는 상황이 초래될 수 있다.

최근 독일에서 이러한 시나리오가 실제로 전개되고 있다. 독일에서는 비율이 높아지고 있는 주택용 전력 수요를 지붕형 태양광발전 설비가 충족시키고 있으며 이것은 도매전력 가격 하락을 가져왔다. 이로 인해 거대 기업인 RWE 사와 E.ON 사 등 대규모 전력회사가 도산의 위기에 직면해 있다. 전력회사는 지금 부상하는 새로운 에너지경제에서 생존하기 위해 비즈니스 모델을 일신하여 재생에너지 보급에 잘 적응하기 위해 부단히 노력하고 있다. 유사한 상황이 태양 자원이 풍부한 미국 남서부에서도 발생할 수 있다. 이 지역에서는 최근 지붕형 태양광발전 설비가 기하급수적으로 증가하고 있다.

　태양광 패널 가격이 하락하고 설치 수가 증가함에 따라 개발도상국에서 전력을 공급하기 위해 중앙집중형 발전소와 송전망을 건설하기보다는 마을 단위로 지붕에 태양광 패널을 설치하는 것이 보다 저렴한 경우가 많아졌다. 이와 관련 개발도상국에서 휴대전화가 급속히 확대되어 종래의 고정전화망에 의존할 필요성이 없어진 것처럼 지붕 태양광발전 설비는 처음부터 송전망에 의지하지 않아도 되는 상황을 만들어가고 있다.

이외에도 화석연료에서 재생에너지로의 급속한 전환을 보여주는 사례는 많이 있다. 예를 들어 EU의 많은 국가들에서 석탄 발전이 줄어들고 있다. 석탄 소비량이 중국에 이어 세계 2위인 미국에서는 많은 석탄화력발전소가 폐쇄되어 2007년부터 2013년 사이에 석탄 사용량이 18%나 감소했다.

2010년 초 시점에서 미국에는 500기 이상의 석탄화력발전소가 가동되었으나 이 중, 180곳 이상이 이미 폐쇄(예정 포함)되었으며 현재는 343곳만이 가동되고 있다. 석탄발전소가 줄어드는 이유는 석탄에 대한 지역의 반대(건강 및 환경오염이 이유인 경우가 많음), 석탄화력의 발전 원가를 상승시키는 엄격한 대기오염 기준의 적용, 태양광·풍력에너지의 이용 증가, 저비용 천연가스의 급속한 이용 확대 등을 생각할 수 있다. 미국의 석탄반대운동을 조직적으로 지원하는 것이 시에라 클럽의 탈석탄 캠페인이다. 이 캠페인은 2030년까지 미국 내 석탄화력발전소를 모두 폐쇄하고 그 대신 고효율의 클린에너지를 도입해 나가는 것을 목표로 삼고 있다.

이제까지 미국은 천연가스 의존도를 높이는 방법으로 석탄 소비량을 줄여왔다. 셰일층에 갇혀있는 석유와 천연가스를 추출하기 위한 수평굴착 및 수압파쇄법이라는 새로운 기술의 이용이 급속히 확대됨으로써 미국의 천연가스 생산량 감소 경향은 반전되어 2006년부터 2014년 기간 동안 생산량은 32%나 증가했다. 그렇지만 클린 에너지경제 실현을 위한 가교역할의 에너지원으로 알려진 천연가스도 그 빛을 잃어가고 있다. 에너지 생산 시, 천연가스 연소로 배출된 CO_2는 석탄 연소 시의 절반밖에 되지 않는다. 그렇지만 최근의 연구결과에 따르면, 가스전 및 파이프라인, 탱크로부터 CO_2보다 온실효과가 훨씬 높은 메탄이 대량으로 누출되는 경우가 많아 사실상 천연가스는 기후변화에 보다 큰 악영향을 미칠 수 있다.

결국, 가스 매장량은 한정되어 있고 신규 가스전도 급속히 고갈된다. 사회라는 맥락에서보면, 가스 인프라에 투자를 확대해도 이후 포기할 수밖에 없게 된다면 전혀 의미가 없는 것이다. 이렇게 되면 출구가 없는 막다른 골목과 마찬가지가 되기 때문에 지속적인 에너지경제를 구축하기가 매우 어렵게 된다. 천연가스 및 석유 가격이 고갈성 자원이라는 특징으로 인해 예측 불가능한 공급량에 좌우되어 변동하기 쉬운 것에 비해 풍력과 태양광발전 설비에는 연료비가 전혀 들지 않는다. 제로인 것이다.

미국과 많은 선진국에서 석탄 연소가 감소하고 있다는 사실에 주목하게 되면, 반드시 이어서 나오는 것이 '그렇다면 세계에서 석탄 소비가 가장 많은 중국은 어떤 상황인가'라는 의문이다. 다행히 중국의 석탄 사용량도 2014년을 기점으로 감소하기 시작했다. 피크오일은 아니지만 "피크 석탄"은 가까워지고 있다. 두 가지 우려가 중국 정부로 하여금 새로운 에너지로의 전환을 촉진시키고 있다. 하나는 석탄 연소가 중국인들의 건강에 미치는 영향과 그 결과로서의 정세 불안이다. 또 다른 하나는 물 부족이다. 석탄 채굴, 세정 및 석탄화력발전소 냉각을 위해서는 대량의 물이 필요하다.

또 다른 CO_2 배출 원인인 석유에 관해서는 최대 소비국인 미국을 비롯해 많은 선진국에서 사용량이 점차적으로 줄고 있다. 미국의 석유 소비량은 2005년부터 2013년까지의 9년간 약 9% 감소했다. 이는 사람들이 차 운전을 줄여서이기도 하지만 이전보다 연비가 향상된 자동차가 판매되고 있기 때문이다. 공공교통 수단의 선택지를 늘리고 교통시스템을 전기화하여 태양광과 풍력에 기반한 전력을 원동력으로 삼게 되면 석유 소비량은 더욱 줄게 된다. 플러그인 하이브리드 자동차나 전기만으로 주행하는 전기자동차는 CO_2가 거의 발생하지 않는다. 이에 더해 풍력이 만든 전기를 동력으로 하는 자동차의 경우 비용이 가솔린 1L당 약 26센트에 불과하므로 향후 시장은 전기자동차로의 이행을 촉진시키는 방향으로 나아갈 것이다.

석유회사는 '에너지 방정식'의 양변, 즉 공급과 수요 측면에서 성장을 제약하는 요인에 직면해 있다. 자동차 연비가 개선됨에 따라 그리고 차를 타는 사람들이 또 다른 교통수단에 관심을 갖게 됨에 따라 수요는 점차 줄어든다. 한편, 공급측면에서는 잔존하는 석유매장 자원은 과거 수십 년간 발견된 대규모 분출유정에 비해 접근이 어렵기 때문에 생산 비용은 이와 비례하여 높아진다.

에너지전환에 실패하고 있는 것은 거대 석유 자본인 쉐브론, 엑슨모빌, 로열더치셸(이하 셸) 등 대규모 독립계 석유 가스 회사들이다. 이들 3개 사는 2009년부터 2013년까지 석유와 가스 생산 확대를 위해 총 5천억 달러에 달하는 대규모 투자를 단행했지만 2013년 생산량은 오히려 감소하였다. 2013년 각

사의 영업이익 또한 감소하였다.

주식시장은 대규모 석유회사에 대해 다소 비관적이다. S&P500지수는 2012년 초부터 2014년 3분기까지의 기간에 54% 상승하였다. 그러나, 쉐브론 사와 엑슨모빌 사의 주가 상승률은 각각 12%와 11%에 그쳤으며 셸 사는 고작 4% 성장에 불과했다.

석유 생산 확대를 위한 재무 및 물류상 리스크는 매우 크다. 전통적으로 유전이 고갈되고 신규로 발견된 유전이 소규모이며 해저 깊숙한 곳 또는 타르샌드층에 갇혀있는 경우일수록 석유 추출 및 가공에 필요한 에너지는 이전보다 훨씬 크게 된다. 석유 개발에는 고가의 설비와 경험이 풍부한 인력도 필요한데, 이러한 인력을 적시에 확보하는 것도 점점 어려워지고 있다. 2013년도 후반과 2014년도 전반에 쉐브론, 엑슨모빌, 셸 3개 사 모두 예외 없이 설비 투자의 감축을 발표했다. 이들 기업은 가까운 시일 내에 사업 축소라는 대기업에게는 좀처럼 드문 선택을 강요받을지도 모른다.

석유회사는 여러 측면에서 생산 비용 급증에 직면해 있

다. 셸 사는 알래스카 석유자원을 개발하기 위해 60억 달러 이상을 투자했지만 한 방울의 석유도 얻지 못했다. 그 후 2014년 1월 셸은 알래스카 앞바다에서의 채굴을 일시 중지한다고 발표했다. 동시에 2013년 4분기 이익이 71% 감소했다고 발표했다. 새롭게 CEO에 취임한 벤 반 뷰르덴은 2013년에 460억 달러였던 설비 투자액을 2014년에는 20% 삭감한 370억 달러로 축소한다고 발표했다. 그러나 2014년 8월 셸 사는 (아무리 생각해도 실패한 사업에 계속해서 자금을 투입하는 것으로 보이지만) 다시 알래스카 앞바다에서의 채굴 계획을 미국 정부에 제출했다.

비용 증대의 또 다른 전형적인 사례가 엑슨모빌, 셸, 토탈 사 등으로 구성된 컨소시엄이 석유 채굴을 시도하고 있는 카스피해저의 카샤간 유전이다. 카샤간 유전은 2000년에 발견된 유전으로 중동의 거대 유전의 매장량에는 미치지 못하지만 최근 30년 동안 발견된 유전 가운데에서 최대 규모이다. 그리고, 카샤간 유전은 가장 비용이 높은 유전이 되었다. 채굴 환경이 여의치 않은 탓에 수 차례의 작업 연기가 발생하여 당초 예상된 투자비인 100억 달러가 2014년 후반 시점에는 500억 달러로 크게 증가하였다. 투자비는 향후에도 상승할 가능성이 있으며 동 사례는 손쉽고 저렴하게 채굴할 수 있는 석유가 지구상에서 거의 남아 있지 않다는 것을 보여주고 있다.

석유업계는 일반적으로 인식되어 있는 것보다 정부 보조금에 크게 의존하고 있다. 2013년 화석연료 업계에 지원된 정부 보조금은 전 세계적으로 6천 억 달러를 상회하였다. 즉, 재생에너지 업계에 지원되는 1.2천 억 달러의 5배 이상이 이 무너져가는 업계에 지급되고 있는 것이다. 화석연료 업계에 대한 보조금 중 약 절반은 석유 소비를 늘리기 위해 사용되고 있다. 이는 실질적으로 국민의 세금이 기후변화를 가속화시키는 데에 쓰이고 있다는 의미이다.

석유회사 경영진들에게는 매우 생소한 경험이겠지만 생산 목표 및 예상 생산량을 낮추지 않으면 안 되는 상황이 조성되고 있다. 이는 달리 말하면, 세계적으로 석유의 탐사와 생산이 무계획적으로 이루어졌던 지난 1세기 동안 지구가 주는 과실을 무분별하게 따먹었기 때문에 벌어진 현상이다. 지금은 신규 유전 발견이 고갈을 상쇄하지 못할 정도로 부진하다. 경영진들은 이러한 시대적 전환을 알아보지 못하고 있어서 시대에 뒤쳐지고 뚜렷한 전략을 세우지 못하고 있다. 사업분야를 다변화한 에너지회사가 될 것을 결단했더라면 이러한 에너지전환 시기에 크게 타격받지 않고 그 일원으로써 안정적으로 성장하는 것도 가능했을 것이다.

그들은 왜 전 세계적으로 에너지전환이 진행 중이라는 사실을 부정하고 현실의 문제를 애써 외면하는 자세를 취하게 되었을까. 엑슨모빌, 셸 사와 같은 기업은 최근에도 〈세계는 향후에도 석유에 크게 의존하게 될 것이다. 그렇지 않다고 생각하는 사람들은 모두 꿈을 좇고 있는 것이다〉고 주장하고 있다. 에너지경제의 재구축이 이들 기업에게 중대한 문제를 야기시키고 있지만 이들이 취한 대응 방법은 목소리 높여 그 존재를 부정함과 동시에 자신들의 재력과 정치력을 활용해 새로운 흐름에 대항하고 자신들의 타당성을 주장하는 것이었다.

세계가 기후변화를 심각하게 받아들인다면 아직 땅속에 있는 석유의 많은 부분은 사용되지 않을 것이다. 저널리스트인 키에랑 쿠크가 기후뉴스네트워크에 기고한 것처럼 「향후 수년 내에 기후변화에 대해 어떠한 형태로든 의미있는 행동이 취해진다면 화석연료 업계 활동은 대폭 축소되고 관련 자산 대부분은 동결될 것이다. 그렇지 않으면 필연적으로 기업가치는 급락할 것이다. 이를 "탄소 버블"의 붕괴로 부르는 애널리스트도 있다」. 남아있는 석탄과 석유, 천연가스의 많은 부분은 "좌초자산[1]"으로 취급될 것이다.

기후변화를 배경으로 하는 "좌초자산"의 개념은 영국을 거점으로 하는 비영리단체인 카본 트랙커(Carbon tracker)가 2011년에 발표한 「태울 수 없는 탄소」라는 보고서를 통해 주목받았다. 카본 트랙커는 포츠담기후영향연구소의 연구결과를 이용하여 세계가 국제사회의 합의대로 평균 기온 2도 이내로 억제할 가능성을 포기하지 않기 위해서는 화석연료 사용을 대폭 삭감할 필요가 있다고 언급하였다. 최신 과학적 식견에 의하면 기온 상승을 2도 내로 유지하기 위해서는 세계는 금세기 전반까지 CO_2 양을 1,400기가톤(1기가톤 = 10억톤)으로 억제할 필요가 있다고 한다. 우리는 2013년까지 이미 400기가톤의 CO_2를 배출했기 때문에 2013년부터 2050년까지의 기간에 배출량을 1,000기가톤 이하로 억제해야 한다.

세계에 남아있는 화석연료의 확인 매장량에 포함되어 있

---

1 완전한 감가상각 이전에 이미 노후화해 시장가치가 대차대조표상의 가치보다 낮은 자산—역자 주.

는 CO2는 석탄(약 65%), 석유(약 22%), 천연가스(약 13%)의 형태를 띠고 있으며, 이를 전부 더하면 2,860기가톤이 된다. 기온 상승을 2도 이내로 억제하는 시나리오에 기초하여 1천 기가톤만이 배출할 수 있다고 한다면, 주로 석탄과 석유의 형태를 띠고 있는 탄소의 매장량 중 1,860기가톤은 소비해서는 안 된다. 이 경우, 매장량은 가치를 잃고 좌초자산이 되는 것이다. 그렇게 되면 이들 자산을 자사의 평가액에 포함시키고 있는 에너지회사의 가치를 재검토할 필요가 생긴다. 주주들은 자신들이 보유한 에너지 주식의 가치가 얼마인지 알고 싶을 것이다.

역사를 돌이켜 보면 항상 새로운 경제로의 이행 후에는 좌초자산이 남겨졌다. 고래유로부터 등유로의 이행을 생각해 보자. 또는 마차에서 자동차로의 이행을 생각해도 좋다. 금번 에너지전환도 예외는 아니다. 전환 이후에는 많은 좌초자산이 남겨질 것이다. 특히 석탄회사는 분명한 패자다. 미국의 석탄 소비량은 2007년에는 10억 2,300만 톤이었지만 2013년에는 8억 3,900만 톤으로 하락하여 많은 탄광이 조업 폐지가 되었고 석탄화력발전소는 폐쇄되었다. 석탄업계에 관한 좌초자산으로는 사용할 수 없는 석탄 매장량과 석탄화력발전소,

탄광에 더해 일찍이 탄광과 시장을 연결하던 전용철도, 정차장 및 철도항에 있는 석탄의 채취 시설 및 저장 시설 등을 생각할 수 있다.

석탄뿐만이 아니다. 프랑스의 거대 에너지기업 토탈은 2014년 5월 캐나다의 앨버타 주에 있는 타르샌드 채굴 시설의 조업을 일시적으로 중지한다고 발표했다. 이미 110억 달러를 투자한 시설도 있다고 한다. 석유 생산 비용이 너무 높아 추가 투자할 필요가 없어졌던 것이다. 이 거대 프로젝트는 좌초자산이 될 가능성이 매우 높다.

저비용 재생에너지와의 경쟁에서 밀리고 있는 낡은 에너지경제의 아성은 화석연료뿐만은 아니다. 반세기 전에는 미래의 원동력이라고 생각되었던 원자력발전은 비용 상승으로 인해 전 세계적으로 감소세를 보이고 있다. 원자력발전은 태양광 및 풍력발전에 비해 가격이 2배가 될 가능성이 있다. 대부분의 노후화된 원자력발전소는 고비용으로 인해 조업 유지가 불가능하게 되어 폐쇄됨에 따라 원자력이 과거의 모습을 되찾기는 어려울 것이다.

2006년에는 전 세계적으로 원자력에 의한 발전량이 감소하기 시작해 이후 ─주로 경제상황 악화가 감소 이유이긴 하지만─ 최근에는 사고에 대한 공포도 박차를 가하고 있다. 2011년 후쿠시마 원자력발전소에서의 노심용융도 영향을 미치는 등 원자력의 시대가 막을 내리고 있다. 후쿠시마 사고 직후 독일의 메르켈 총리는 자국의 가장 오래된 원자력발전소 7곳을 폐쇄하라고 지시했다. 2개월 후 독일 정부는 《2022년까지 원자력발전을 단계적으로 전부 폐쇄한다》고 발표했다. 폐쇄된 원자력발전은 풍력 및 태양광발전으로 대체할 계획이다. EU 및 여타 지역 국가들도 자국의 원자력발전을 원점에서 재검토하고 있는 상황이다.

원자력발전의 성공 사례로 알려진 국가는 전력의 75%를 충당하고 있는 프랑스와 원전의 신설이 가장 많은 중국이다. 그렇지만, 이들 국가도 지금 변화의 조짐을 보이고 있다. 프랑스는 최신 원자력발전소를 완성시키려 하는 한편, 총 발전용량 25,000MW 규모의 풍력발전단지를 개발 중이며 2013년에는 이 중 8,300MW가 이미 가동하고 있다. 프랑스는 2025년까지 원자력발전 비율을 50%까지 줄이는 목표를 가지고 있다. 한편, 중국은 총 설비용량 16,000MW의 원자력발전을 보유하고 있지만 세계 최대인 91,000MW의 풍력발전도 이미 개발하였다. 즉, 풍력이 원자력을 압도하고 있는 것이다.

중국에서 풍력이 폭발적으로 성장하고 있는 이유 중 하나는 풍력발전단지가 석탄화력발전소와 원자력에는 볼 수 없는 규모로까지 확대되고 있기 때문이다. 중국은 "풍력발전기지구축계획"의 일환으로 대규모 풍력발전 설비를 여러 곳 건설 중이며 건설이 완료되면 최대 6,800MW의 발전용량을 보유하게 된다. 이 계획은 2020년까지 200,000MW라는 혁신적인 규모로 풍력발전을 개발하려는 방안의 일환이다.

원자력발전의 경우, 건설에서 가동개시까지는 10여 년이 필요하지만 풍력단지는 통상 1년 이내에 가동(그리고 단순한 지붕설치형 태양광 패널이라면 하루면 가능)이 가능하다. 전 세계에는 풍력이 새로운 에너지경제의 주요 구성요소로 부상하고 있는 지역도 있다. 2014년 초 기준으로 전 세계 90개국에서 풍력발전이 진행 중에 있으며 총 발전용량은 318,000MW에 달한다. 중국과 미국이 현재 세계 풍력발전을 주도하고 있으며 독일, 스페인, 인도가 상위국에 포함되어 있다.

이러한 에너지전환이 진행 중인 국가들에서는 좌초자산이 더욱 더 분명해질 것이다. 탄광, 우라늄광산, 유전, 제유소, 심해 굴삭장치, 석유파이프라인, 주유소 등이 이에 해당한다. 1994년 미국의 주유소 수는 독립형 주유소와 편의점 계열을 합해 20만 3천 곳 정도였다. 이 중 2013년 시점에서 남아있는 곳은 15만 3천 곳으로 최근 19년간 25%가 줄어들었다. 전기자동차 및 플러그인 하이브리드 자동차가 가솔린차를 대체하고 있는 지금, 주유소의 감소가 향후에도 이어질 것은 분명하다.

중요한 것은 플러그인 하이브리드 자동차와 전기로 움직이는 전기자동차가 어느 정도의 속도로 시장을 차지해갈 것인가이다. 블룸버그 뉴에너지 파이낸스 자문위원회 마이켈 리프라이히 위원장은 2014년 전기자동차 매출은 전 세계에서 30만 대에 달할 것이라고 예측했다.[2] 이것은 자동차 총매출의 1%에도 미치지 못하는 수준이지만 동 위원장은 전기자동차가 《신뢰성이라는 장애를 꾸준히 극복하고 있다》고 말하고 있다. 전기자동차가 연료비용과 운전비용의 저렴함을 무

---

2 실제로 「EV Sales」에 의하면 2014년 전 세계 전기자동차 판매량은 31만 7천 대 수준인 것으로 집계됨―역자 주.

기로 향후 매출을 착실히 늘려간다면 그 희생이 되는 것은 가솔린차가 될 것이며 이로 인해 석유 수요가 점차 줄어들 수 있다.

현재 미국에는 3천 개가 넘는 전력회사가 있지만 향후 10년 후에는 전력회사를 둘러싼 외부환경이 지금과는 전혀 다른 모습을 보일 것이다. 전력회사 중에는 합병으로 내몰리거나 지붕설치형 태양광 패널이 점차 전력시장을 점유함에 따라 해체되는 경우도 발생할 것이다. 미국 내 석탄회사는 거의 자취를 감출 것이다. 최종적으로는 해저에서 채굴된 석유는 비용이 너무 높아 경쟁력을 확보할 수 없다는 단순한 이유로 심해채굴을 전문으로 하는 회사도 모두 사라질 것이다.

지질학적·경제적·사회적 정세가 복합적으로 작용하여 에너지전환이 가속화되고 있다. 이의 가속화를 목표로 하는 사회운동의 하나가 화석연료의 투자 축소를 요구하는 캠페인이다. 학생 및 지역사회 그룹이 대학기금이나 연금기금에 대해 투자 포트폴리오를 재구성하고 화석연료회사 주식을 보유하지 않도록 압력을 가하고 있다. 그것은 기후변화를 야기하는 에너지원에 대한 지원을 공공연하게 부정하는 생각이다. 스탠포드대학은 거액의 기금을 보유한 대학 중 처음으로 《석탄기업 관련 주식을 모두 매각한다》고 발표했다. 록펠러 형제재단은 ―그 재원이 초기 석유왕이었던 존 디 록펠러에 의한 것이라는 점은 아이러니하지만― 2014년 9월 보유한 화석연료 관련 주식을 모두 없애겠다고 발표했다.

'석탄·석유·천연가스회사에 투자하는 것은 자신들의 신조와 일치하지 않거나 또한 경제성측면에서도 바람직하지 않다'고 인식하는 투자자가 늘어남에 따라 향후 투자 조정의 파도가 거세질 가능성이 높다. 옥스포드대학의 SSEE(Smith School of Enterprise and Environment)는 투자대상 조정 캠페인이 그 잠재적인 '오명' 효과에 의해 기업 이미지 및 평판에 영향을 미칠 가능성에 대해서 고찰하고 있다. 석탄 등의 화석연료에 대한 일반 사람들의 반감은 크고 석탄회사를 소유 혹은 경영하거나 석탄회사에 융자하는 사람들은 모두 자신들에 대한 세간의 이미지 및 평판 저하를 경험할 가능성이 있다.

투자대상조정 캠페인은 기후변화가 시작되었다는 심각한 현실에 대한 반응이다. 새로운 이상기상 하나하나가 상기시키듯이 큰 혼란 없이 이대로의 생활이 지속될 수 있을지 여부는 CO2 배출량의 감축 여부에 달려있다. 이를 위해서는 세계 에너지경제를 전면적으로 재구축하지 않으면 안 된다. 그것도 신속히 추진해야 한다. 목재에서 석탄으로의 전환처럼 과거 에너지전환은 수십 년이 소요되었지만 이 새로운 에너지전환은 대부분이 앞으로 10년간에 응축된 형태로 추진될 것이다. 석탄, 석유, 천연가스에서 태양광 및 풍력에너지로의 전환은 우리의 시대를 특징짓는 사건이 될 것이다.

즉 무한대로 존재하고 점점 가격이 인하되는 태양광과 풍력이 새로운 에너지경제의 기반이 될 것이라는 것이다. 화석연료 시대에 투자는 단기적이었고 에너지가 만들어지는 것은 석유가 고갈될 때까지 또는 석탄이 고갈되기까지의 기간뿐이었다. 인류의 역사에서는 에너지원의 발견·개발·고갈이라는 사이클이 몇 번이나 반복되어 왔다. 오늘날 산업혁명이 시작된 이래 처음으로 우리는 지구가 존재하는 한 지속가능한 새로운 에너지원에 투자하고 있는 것이다.

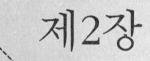

제2장

석유의 융성과 쇠퇴

마치 SF영화의 한 장면 같았다 —타오르는 불길, 주변은 온통 바다, 그러나 이것은 상상 속 혹성에서 일어난 일이 아니라 멕시코 만에서 실제 벌어진 사건이었다. 2010년 4월 20일, 석유채굴시설 "딥워터 호라이즌(Deep Water Horizons)"이 불타오르고 11명의 작업자가 목숨을 잃었다. 이후 3개월에 걸쳐 불출한 유정으로부터의 석유 유출을 막으려는 시도가 계속해서 실패했으며, 전 세계는 이를 지켜보았다. 7월 15일이 되어서야 영국 BP 사와 미국연안경비대는 수심 약 1,600m에 위치한 유전의 유출을 막을 수 있었다. 그러나 그 시점까지 400만 배럴이 넘는 석유가 멕시코만의 생태계로 흘러 들어가 이후 수년에 걸쳐 환경을 오염시켰다.

딥워터 호라이즌의 대참사는 석유 업계가 석유에 의존하는 세계에 석유를 공급하기 위해 큰 리스크를 감수하고 있다는 사실을 단적으로 보여주었다. 초기에 발견된 유전을 개발하는 것은 비교적 간단한 것이었다. 실제로 그 당시에는 지면에 파이프만 박으면 "검은 황금"이라고 불리는 석유가 분출되는 경우가 많았다. 그러나 현재에는 석유를 손쉽게 확보하는 것은 거의 기대하기 어렵다.

석유 생산은 지질의 특성에 의한 제약을 받는다. 1940년부터 1980년에 걸쳐 발견된 유전에는 예외 없이 100억 배럴 이상의 석유가 매장되어 있었다. 사우디아라비아의 거대 가와루유전에는 750억 배럴의 석유가 매장되어 있었다. 그런 시대는 이미 끝났다. 오늘날 새롭게 유전이 발견되는 일은 좀처럼 없다. 지금은 30억 배럴 이상의 매장량을 가진 것이 발견되면 그 유전은 대규모 유전으로 여겨질 정도다.

석유 생산은 정치적인 제약도 받는다. 잔존하는 석유 매장량 중에 약 80%는 국영 석유회사, 즉 사우디 아람코 및 러시아의 로스네프트와 같이 그 일부 혹은 모두를 각국 정부가 소유하는 회사가 보유하고 있다. 이러한 매장량의 대부분은 대규모 지하 유전에 잔존하는 재래형 석유이다. 따라서 BP, 엑슨모빌 및 토탈 등의 다국적 석유 자본 대기업 및 소규모 독립형 회사 등은 나머지 20% 정도를 보유하고 있다.

탐사 및 개발에 드는 비용은 점차 증가하고 있으며 이는 석유회사가 이전에는 탐사가 어려웠던 장소에 의존하지 않을 수 없게 되었기 때문이다. 재래형 유전으로 향후 전망되고 있는 곳은 해저 및 북극해에 산재되어 있는 유전 등이지만 북극해에서 채굴하기 위해서는 떠다니는 빙산 및 지구상 가장 악독한 기후와 싸우지 않으면 안 된다. 셰일층에 갇혀있는 석유와 타르샌드 가운데에 모래와 점토가 섞여있는 석유 등 비전통적 자원에 의존하는 선택지도 가능하다. 그러나 이렇게 채굴된 석유의 생산비는 결코 낮지 않다.

파이낸셜 타임즈의 에드 쿠룩스 기자는 〈산유량의 증가 혹은 단순한 유지를 위해서 기업은 이제까지 이상으로 채굴이 어려운 유층을 탐사하지 않으면 안 되며 이에 따라 비용은 증가할 것이다. 심해개발과 같이 대규모 비용이 드는 프로젝트에서는 1배럴당 최저 100달러 정도 가격이 책정되지 않으면 상업적으로 채산성을 확보하기 어렵게 되었다〉고 쓰고 있다. 쉐브론 사의 존 와트슨 CEO는 이러한 상황에 대해 《우리 업계에서는 이익이 나는 가격이 예전에는 1배럴당 20달러였지만 지금은 100달러 수준이 되었다》고 언급한 바 있다.

최근 수십 년 간 발견된 유전 가운데 가장 매장량이 풍부한 유전 중 하나인 카자흐스탄의 북 카스피해 심해저에 위치한 카샤간 유전은 2000년 발견 당시 세상을 떠들썩하게 하였다. 이 유전의 추정 매장량은 350억 배럴로 그중 130억 배럴은 채굴이 가능한 것으로 분석되었다. 그러나 상황은 녹록지 않았다. 겨울에는 심해가 확장되고 기온은 -30℃까지 내려갔다. 더욱더 힘든 점은 카샤간 유전에는 부식성이 매우 강한 독성 탄화수소가스가 혼합되어 있다는 것이었다.

　　카샤간 유전을 개발하는 기업 컨소시엄을 구성하는 엑슨모빌, 셸, 토탈 및 애니 등의 석유회사는 생산 개시를 위해 이제까지 500억 달러를 투자했다. 2013년 기업 컨소시엄은 우여곡절 끝에 석유 채취를 개시했지만 그것도 가스유출이 발견되기까지의 수주 간에 불과했다. 이후 작업을 재개했지만 얼마되지 않아 또 다시 정지되었다. 이때는 이전보다 훨씬 큰 규모의 수리작업이 필요했다. 석유 채취는 2016년에 재개될 예정이지만 여전히 재개가능성에 대해 회의적인 전문가가 많은 상황이다. 카샤간 유전을 위해 투자된 자본은 현재 '완전히 사라져 버린 돈'으로 여겨지고 있다.

현재 비전통적 타입의 석유로 발굴되고 있는 것이 캐나다의 오일샌드이다. 그 대부분은 앨버타 주에 매장되어 있다. 질퍽거리는 유성의 탄화수소인 역청, 점토, 물이 섞인 점성이 높은 혼합물은 반유동체이기 때문에 "타르샌드"라고도 불리며, 간단하게 채굴하거나 채취하는 것이 불가능하다. 타르샌드를 얻는 가장 간단한 방법은 종축으로 구멍을 뚫든가 노천채굴이지만 이러한 방법은 경관을 크게 훼손시킨다. 또 다른 문제는 현재 남아있는 매장량의 많은 부분이 이러한 방법을 사용하기에는 너무나도 지하 깊숙한 곳에 있다는 점이다. 석유회사는 지하의 역청을 가열하여 지표에 끌어올릴 정도의 유동체로 만들 수 있는 기술을 가지고 있다. 지표로 끌어올린 후에는 타르샌드 오일이 파이프라인을 통해 흘러갈 수 있도록 또 다른 처리가 필요하다. 이러한 집약형 생산프로세스에는 많은 에너지가 필요하다. 실제 1단위 에너지를 타르샌드의 추출 및 정제에 투입해도 5단위의 에너지밖에 생산할 수 없어 에너지 수지가 그다지 효과적이지 못하다. 전통적 유전에서는 채취 에너지가 16단위를 상회한다는 점을 감안하면 크게 미치지 못하는 수준이다. 이 타르샌드가 2013년에는 캐나다 석유 생산의 50% 이상을 차지하고 있다.

미국에서는 셰일층에 수평채굴 및 수압파쇄법을 이용한 덕분에 이전에는 발굴이 어려웠던 석유 및 가스의 채굴이 가능해져 '에너지 붐'이 일어났다. 사람들의 관심사는 "피크오일"에서 "셰일혁명"으로 전환되었다. 수압파쇄법은 대규모 석유회사가 아닌 소규모 독립계 석유회사가 주도하고 있으며 수압파쇄법에 의해 미국의 석유 생산량은 2008년 700만 배럴(1일당) 가까이에서 2013년에는 1천만 배럴(1일당)을 상회하는 수준까지 증가하였다. 셰일 광상은 넓은 지역에 분포되어 있기 때문에 항정을 여러 곳 파지 않으면 안 된다. 게다가 급속히 고갈이 진행되어 전통적 유전 및 가스전보다 훨씬 빠른 속도로 고갈된다. 언제나 그렇듯이 이 붐도 한때의 유행처럼 언젠가 사라져 갈 것이다.

　자원 채굴에 드는 비용이 증가하자 석유회사들은 사업범위를 축소하기 시작했다. 셸 사는 미국 내 셰일층 채굴 프로젝트를 축소했다. 몇 차례의 좌절을 맛본 다음 알래스카 앞바다 북극권에서의 채굴사업도 일시 정지했다. 셸 사와 프랑스의 토탈 사, 노르웨이의 스타토일 사는 모두 캐나다의 타르샌드 프로젝트의 일부를 중지했다. 쉐브론 사는 인도네시아에서의 해양채굴 프로젝트를 연기하고 석유 총생산량 예측도 하향 조정했다.

오스트리아 빈에 본사를 두고 있는 JBC 에너지는 〈대규모 석유회사 6개 사에 의한 석유 및 가스 자원탐사 투자는 2007년부터 2013년까지 80% 증가했지만 이들 기업의 석유 및 가스 생산량은 6% 감소하였다〉고 보고하고 있다. 역설적이게도 이러한 운명의 역전은 석유 사용량 증가를 배경으로 발생하고 있다. 세계의 총 석유 생산량은 1983년에는 5,800만 배럴(1일)이었다. 2013년에는 9,100만(1일)으로 증가하였으며, 이는 지난 30년간 평균 5.8% 증가해 온 결과이다. 세계 최대 석유 소비국인 미국은 하루 평균 약 1,900만 배럴을 소비하고 있다. 다음으로 중국, 일본, 독일이 다소비국이며 이들 3개 국가를 합하면 1일당 1,900만 배럴이 된다. 이들 국가에 이어 러시아, 사우디아라비아, 브라질, 한국, 캐나다가 주요 석유 소비국이다.

브라질과 중국, 인도, 인도네시아 인구를 모두 합하면 31억 명이고 이들 국가를 비롯한 많은 신흥국에서는 석유 소비량이 꾸준히 증가하고 있다. 실제로 인도네시아는 석유수출국기구(OPEC) 가맹국이었지만 국내 석유 소비량이 생산량을 상회하면서 OPEC를 탈퇴하게 되었다[1]. 아시아의 많은 지역에서 석유 사용량이 가파르게 상승하고 있다. 홍콩, 말레이시아, 싱가포르 및 태국에서는 1990년 이후 석유 사용량이 각각 3배 가까운 수준까지 증가하였다. 중국의 석유 사용량은 4배 이상, 베트남은 5배 이상까지 증가하였다.

전 세계 석유 사용량은 여전히 증가하고 있지만 선진국 중에서는 사용량이 최고점을 지나 감소하기 시작하는 국가도 늘어나고 있다. 예를 들어 독일에서는 1979년 330만 배럴로 최고점에 도달한 석유 소비량이 이후 감소하여 2013년에는 29% 감소한 240만 배럴을 기록했다. 일본의 석유 소비량도 1996년 580만 배럴을 최고점으로 이후 감소하여 2013년에는 22% 감소한 460만 배럴이 되었다. 그리고 미국조차도 석유 소비량은 과거 수십 년에 걸쳐 증가했지만 최근 들어 감소 경향을 나타내고 있다.

1950년에서 2005년까지 미국의 석유 사용량은 1970년대

---

1 2009년 1월 석유 순수입국이 되어 회원국 자격을 상실했으나 2015년 12월 OPEC 석유장관회의를 통해 재가입 함—역자 주.

오일쇼크 등으로 일시적으로 감소한 시기를 제외하면 전반적으로 증가해왔다. 이 기간에 미국의 석유 소비량은 1일당 600만 배럴에서 2,100만 배럴로 약 3배 이상 증가했다. 이 시점을 최고점으로 소비량은 점차 감소하여 2013년에는 1,900만 배럴이 되었다. 이는 8년간 약 9% 감소한 셈이다.

세계 최대 소비국의 석유 사용량이 감소한 이유는 몇 가지 현상을 들여다보면 어렵지 않게 설명된다. 석유의 대부분은 운송수단용으로 사용되고 있고 그중 3분의 2는 승용차와 트럭의 동력원으로 이용되고 있다. 즉, 자동차 이용의 감소 및 자동차 동력원의 교체가 석유 사용량을 크게 변화시키게 된다.

20세기 자동차는 미국인의 라이프스타일을 특징짓는 중요한 역할을 수행하였고 미국 문화에 없어서는 안 될 부분이 되었다. 자동차 덕분에 사람들은 이전과는 비교할 수 없을 정도로 이동성을 갖게 되었을 뿐만 아니라 자동차를 보면 그 소유자의 사람됨도 알 수 있었다. 자동차역사 연구가인 존 월코노위즈는 이러한 상황을 〈20세기에 태어나 자란 사람들에게 자동차는 자유이며 사회적 지위를 나타낸다. 또한, 자신의 일부일 뿐만 아니라 눈에 보이는 형태로 자기 자신을 표현하는 자신의 개성 그 자체였다〉고 정리하고 있다.

　2000년 미국에서는 1억 9천만 명 이상이 운전면허증을 보유하고 있었으며 자동차 수는 이를 상회했다. 석유 소비량은 1일 약 2천만 배럴로 이것은 당시 2위 이하의 5개국 소비량을 모두 합한 것보다 컸다. 그러나 최근 들어 일찍이 세계를 자동차의 시대로 이끌었던 미국은 이로부터 벗어나려는 움직임을 보이고 있다.

　가솔린 사용량을 줄이는 가장 기본적인 방법은 운전을 줄이는 것과 운전의 효율을 높이는 것이다. '운전을 줄인다'는 것은 자전거나 도보, 대중교통을 사용하여 통근하거나 때로는 단순히 재택근무하는 사람이 증가하는 것이다. 그렇게 하면 사람들이 소유하는 자동차 수가 감소한다. '보다 효율적인 운전'이란 자동차기술의 향상으로 정부가 의무적으로 부과하는 규제에 의해 촉진되는 경우가 많다. 내연엔진에서 전기모터로 교체하게 되면 효율은 대폭 향상된다.

　미국에서는 이러한 이행이 진행되기 시작했다. 미시간대학에서 자동차 동향을 연구하는 마이클 시벅은 〈미국에서 1

인 드라이버가 1년간 자동차를 운전한 거리는 2004년부터 2011년 사이에 9%가 감소하였다〉고 지적하고 있다. 미국 국세조사국 데이터에 기초하여 실시한 조사를 통해 몇 가지 이유가 분명해졌다. 조사가 이루어진 도시부 중 61%에서는 대중교통 이용이 증가하였다. 노동인구 중 재택 근무의 비율이 증가하고 있는 것이 밝혀졌다. 주목할 점은 조사가 실시된 지역의 99%에서 자가용으로 출근하는 사람의 비율이 감소했다는 것이다. 실제로 연방공공교통국 조사에서도 미국 내 대중교통을 이용하는 사람 수가 2000년에서 2011년까지 약 20% 증가하였다.

50년 전에는 미국 농촌지역에 사는 10대 젊은이에게 운전면허를 취득하여 자동차나 픽업 트럭 등 무언가 운전하는 수단을 갖게 되는 것이 인생에서 필수적인 통과의례로 여겨졌다. 그 당시에는 누구나 그렇게 생각했다. 오늘날의 젊은이는 사람과의 교제를 위해 스마트폰 및 인터넷을 사용하는 경우가 많다. 많은 젊은이에게 차는 더 이상 흥미의 대상이 아니다. 20년 전에는 미국 젊은이의 68%가 18세에 운전면허를 보유하고 있었지만 최근에는 면허 취득 비율이 59% 정도에 불과하다.

마이클 시벅은 〈젊은이들이 전자통신수단을 사용하여 가상공간에서 연결되어 있기 때문에 실제로 만날 필요성이 줄고 있는 것일 수 있다〉고 쓰고 있다. 워싱턴 포스트지 기자 애슐리 홀지도 유사한 점을 지적하고 〈하루 24시간, 손 끝으로 키보드를 두들기면 친구가 있는 트위터, 인스타그램 및 메일이 사람들의 집합소로서의 쇼핑몰 및 바를 대체하는 시대에서 미국의 젊은이는 차 운전에 전혀 두근거림을 느끼지 못하는 것 같다〉고 지적하고 있다.

자동차문화를 약화시키고 있는 것은 10대 젊은이뿐만은 아니다. 전미 세대이동조사 데이터에 의하면 35세 미만의 모든 인구층에서 자동차 운전이 감소하고 있다. 이러한 35세 미만 젊은이들의 운전거리도 2001년에서 2009년 사이에 23%나 감소하였다.

미국 PIRG 교육기금의 상급 애널리스트인 피니어스 박산달은 〈정부는 이러한 이동 동향을 감안한 지원정책을 시행해야 한다. 이전 세대에 건설된 주간 고속도로 시스템을 계속해서 확장하는 것에 세금을 낭비하지 말고 일반 사람들이 점점 사용량을 늘리고 있는 별도의 교통수단에 투자할 필요가 있다〉고 지적한다. 그렇게 하면 결과적으로 대중교통의 확충 및 자전거 전용 선로의 증설 등에 보다 주목하게 될 것이다.

세계의 도시 중에는 자동차 증가가 과도한 오염, 소음 및 교통정체를 유발하기 때문에 자동차 이용을 제한하기 시작한 곳도 있다. 도시 중심부로 들어가는 자동차를 대상으로 요금을 부과하여 자동차 수를 제한하는 도시도 있다. 이러한 "혼잡세"를 부과하고 있는 지역은 싱가포르, 런던, 스톡홀름 등이 대표적이다.

자동차 급증에 중압감을 느낀 중국의 도시도 자동차 증가를 억제하고 있다. 상해는 1994년 차 번호 경매를 시작했다. 차 번호에 자동차보다도 높은 가격이 매겨지는 경우도 있다. 북경, 톈진, 광저우, 구이양, 항저우에서도 자동차 판매 대수를 제한하고 있다. 여타 중국의 도시에서도 이러한 움직임이 확산될 가능성이 있다.

시내 자동차 수가 일정 수준 이상으로 증가하면 이동성이 약화되고 생활의 질 하락을 초래한다. 이전의 도시교통은 자동차 중심으로 구축되었지만 최근 변하기 시작했다. 최근

20～30년간에 도시의 설계와 관리에 기대를 가질 수 있는 몇 가지 변화의 징조가 보이기 시작했다. 선견지명이 있는 커뮤니티에서는 보다 많은 주민이 간편하게 대중교통을 이용할 수 있고 좀 더 걷기 쉽고 자전거도 타기 쉽도록 교통시스템을 재설계하기 시작한 것이다.

이외에도 세계 각지의 도시들이 사람들이 산책하며 옥외 환경을 즐길 수 있는 공원 및 산책로 개발을 추진하고 있다. 커뮤니티에서의 공원과 주차장 비율은 쾌적함을 측정할 수 있는 가장 좋은 지표 중 하나이다. 공원이 많은 도시는 걷거나 조깅하거나 자전거를 타는 데에 쾌적할 뿐만 아니라 거주하기에도 좋은 장소인 것이다. '자동차 이용을 촉진하기 위한 주차장이 대부분'인 도시는 매력도가 크게 떨어진다.

최근 교통시스템에서의 자전거의 역할에 대해 관심도가 높아지고 있다. 단거리 이용에서는 자전거는 자동차와 경쟁하고 있다. 최근 10년간 미국 내 자전거 통근이 전국적으로 38%나 증가하였다. 자전거 이용은 볼티모어, 시카고, 미네아폴리스, 필라델피아 및 오리건 주 내 포틀랜드 등의 대도시에서 급속히 증가하고 있다. 이들 모든 도시에서 2000년 이후 적어도 자전거 이용이 2배 이상 증가하였다. 자전거 이용을 촉진시키고 있는 대표적인 도시들인 것이다.

미국 내 대표적인 자전거 친화도시인 포틀랜드는 640km를 넘는 자전거 전용도로를 조성하였으며 지금은 5,500대 이상 수용할 수 있는 자전거 스탠드도 갖추고 있다. 자전거를 이용하는 비율은 2000년 이후 약 3배 증가하였다. 그러나 이러한 포틀랜드조차도 근로자 중 자전거로 통근하는 사람은 6%에 불과하다. 이에 비해 덴마크 수도 코펜하겐에서는 근로자 중 36%가 자전거로 통근하고 있으며 그 비율은 최근에도 증가세를 보이고 있다.

미국에서는 자전거와 자동차의 판매 대수가 호각세를 보이고 있다. 과거 10년에 걸쳐 어린이용을 제외한 자전거 판매 대수는 극히 안정적으로 유지하고 있으며 매년 1,300만 대 수준을 보이고 있다. 2012년 자동차 판매 대수인 1,500만 대의 뒤를 바짝 쫓고 있는 형국이다. 자동차 대신에 자전거로 이동하면 반드시 대기오염과 CO_2 배출량은 줄어들고 교통체증이 개선된다.

EU에서는 연간 자전거 판매 대수가 2,000만~2,100만 대 전후에서 유지하고 있으며 실질적으로는 모든 국가에서 자전거 판매 대수가 자동차 판매 대수를 상회하고 있다. 이탈리아에서는 2011년 자동차보다 자전거가 많이 판매되었고 이는 제2차 세계대전 이후 처음 발생한 것이다. 스페인에서도 자전거 판매가 2012년에는 78만 대에 달하고 자동차 판매 대수는 70만 대에 불과했다.

　　최근 많은 도시에서 자전거 공유 프로그램의 영향으로 소유하지 않아도 자전거를 이용할 수 있게 되었다. 2012년 말에는 미국의 21개 도시에서 8,500만 대의 자전거가 자전거 공유용 주차장에 배치되었다. 2015년 말에는 도시는 70개를 상회하고 자전거 대수는 4만 대 근처까지 증가하였다. 보급 초기부터 적극적으로 추진해 온 워싱턴 D.C.는 3백곳 이상의 주차장에 3천 대 가까운 자전거가 있고 연간 1,800만 명의 방문자와 콜롬비아 특별구 및 근교 주민도 자유롭게 이용할 수 있다.

　　최근 들어서는 자전거 공유 프로그램이 전 세계적으로 보급되고 있다. 현재 57개국 700개 도시에서 자전거 공유 프로그램이 본격적으로 가동되고 있다. 프로그램 수가 가장 많은 곳은 EU이지만 공유용 자전거 수로 보면 EU보다 아시아가 더 많다. 놀라운 사실은 아니겠지만 대수 측면에서 선두를 달리고 있는 국가는 중국으로 현재 50만 대를 상회하는 공유용 자전거가 보급되어 있다.

자전거 공유 프로그램을 채택한 이유는 각 시가 처한 사정에 따라 다양하다. 2013년 5월에 6천 대의 자전거로 시작한 뉴욕 시의 "시티바이크"를 생각해 보자. 이 프로그램을 통해 이동성이 대폭 높아졌으나 그 비용은 극히 적다. 뉴욕 시 교통국 자넷 사딧칸 국장은《시티바이크 프로그램은 단순한 자전거 네트워크가 아니라 뉴욕 시에서 75년 만에 새롭게 제시한 공공교통시스템이다》고 강조하고 있다. 자전거 공유 프로그램은 대개 버스와 철도 시스템을 보완하고 기획담당자가 "first mile, last mile"로 불리는 문제에 대처하기 위해 실시되었다. 자전거 보급이 진전된 중국의 항저우에서는 대중교통을 이용하는 사람의 최초와 최후 행선지의 연결을 용이하게 하기 위해 자전거 공유 프로그램이 개발되었다.

세계 유수의 자동차 제조업체인 제너럴모터스(GM)조차도 자전거 공유 프로그램을 활용하고 있다. GM이 저그스타라는 자전거 공유 신흥기업과 맺은 협정에는, 미시간 주 워런의 약 1.2km² 크기의 기술센터 종업원 1만 9천 명에 자전거를 공급하는 내용이 포함되어 있다. 또한 포드 모터 컴퍼니를 이끌고 있는 빌 포드는 벤처투자회사를 통해 저그스타 사에 투자하고 있다. 저그스타의 28세 CEO인 팀 에릭슨은《자사가 구축해 놓은 것은 공공자금을 한 푼도 쓰지 않고 또한 공공 공간을 조금도 사용하지 않는 시 전역에서 이용 가능한 자전거 공유 프로그램이 되어 가고 있다》고 강조하였다.

기업과 대학, 지자체가 "자전거 르네상스"에 동참하고 있다. 세계은행은 워싱턴 D.C. 본부에 탈의실, 샤워실과 안전한 주차장을 설치하여 자전거 이용을 촉진하고 있다.

자전거 이용은 경제적으로 매우 매력적이다. 자전거 사용으로 연료가 절약될 뿐만 아니라 자동차 1대분 주차장에 자전거 20대 주차가 가능하기 때문에 토지도 절약할 수 있다. 미국 내 2억 5천만 대의 주차장을 위해 약 8억 개 분의 주차공간이 마련되었다. 미국에서는 '자동차 중독'때문에 도로 인프라와 주차장을 합해 적어도 16만 km² 정도가 포장되어 있다. 이는 일리노이 주보다도 넓은 면적이다.

자동차 1대를 자전거 1대로 대체하면 철강, 알루미늄, 플라스틱, 고무 등의 재료 사용량이 약 1,800kg에서 약 14kg으로 감소한다. 그리고 물론 재료를 제조하기 위한 에너지 사용량도 이에 상응하여 감소한다. 또한, 자동차용 도로에 비해 자전거용 도로 정비는 간단하게 수행될 수 있다는 이유만으로도 납세자에게 혜택이 돌아간다.

도시 설계가 잘 되어 있는 도시에 거주하는 주민은 자전거, 도보, 대중교통의 선택지가 잘 조합된 '차가 없는 생활'이라는 보다 큰 혜택을 향유할 수 있다. 2006년에서 2011년에 걸쳐 실시된 한 조사에 의하면, 자동차를 보유하지 않는 세대의 비율은 미국의 100개 도시권 중 84권에서 증가하였다. 또한 도시화가 진행됨에 따라 이 비율은 지속적으로 증가할 것이다.

자동차 수가 20세기에서 21세기에 걸쳐 급증한 이후 최근 수년 간은 횡보상태를 보이는 국가도 있다. 예를 들어 미국에서는 2001년에서 2007년까지 인가된 자동차 대수는 2억 1,700만 대에서 2억 5천만 대 가까이 증가했다. 뒤이은 7년간 이 2억 5천만 대 수준을 기준으로 상하 소폭 변동을 보이고 있다.

더 젊고 자동차 지향성이 강하지 않은 세대의 연령이 높아짐에 따라 자동차 수가 점차적으로 감소하는 것은 시간문제다.

EU에서도 자동차 수는 증가하고 있지 않다. 실제 신차 등록 대수는 거의 20년 만의 최저수준이다. 대표적 이유로는 높은 연료 가격, 자동차 수명의 연장, 자동차의 사회적 지위 상징성 약화, 운전면허 취득 젊은 층의 감소 등이 거론된다.

일본에서도 최근 자동차 판매 대수가 감소하고 있다. 이유로는 자동차 연료비 및 주차비 상승, 또한 인구의 고령화 등이 거론된다. 이러한 요인에 의해 향후에도 일본의 자동차 보유 대수는 감소해 나갈 가능성이 높다.

선진국에서는 자동차 보유 비율이 높기 때문에 보유 대수를 줄일 수 있는 가능성이 충분하다. 미국에서는 연령이 낮아 운전을 할 수 없는 아이에서 더 이상 운전을 하지 않는 성인을 포함한 모든 사람들을 기준으로 1천 명당 786대의 자동차가 존재한다. 이탈리아에서는 그 비율이 1천 명당 682대로 미국과 큰 차이는 없다. 독일과 일본은 모두 588대 수준이다. 프랑스는 582대로 근소한 차이를 보이고 있다. 이외에 2명당 적어도 1대의 자동차가 보유되고 있는 국가는 폴란드, 스페인, 영국 등이 있다.

자동차 보유라는 측면에서 볼 때 가장 대조적인 곳이 현재 자동차 수가 증가 중인 국가들이다. 에티오피아의 자동차 보유 대수는 1천 명당 3대 수준이다. 브라질은 1천 명당 210대이다. 브라질의 자동차 보유 대수는 중산층 확대와 정부에 의한 자동차 구입 지원책에 힘입어 2003년 이후 배증하여 8천만 대를 돌파했다. 2013년 인도의 자동차 판매 대수는 250만 대였다. 인도는 향후 수년 안에 세 번째로 큰 자동차시장이 되어 1천 명당 18대인 현재의 자동차 보유 비율이 급증할 것으로 예상되고 있다.

중국의 자동차 보유 비율은 1천 명당 69대로 2009년에는 미국을 제치고 세계 최대 신차시장이 되었다. 2013년 중국의 신차 판매 대수는 미국의 최고 기록인 2000년의 1,780만 대를 소폭 상회한 1,800만 대를 기록했다. 만약 중국이 미국과 유사한 수준인 '4명당 3대의 자동차 보유' 상황이 되면 총보유 대수는 약 10억 대가 될 것이다. 이는 현재 전 세계 자동차 보급 대수와 비슷한 수준이다. 중국에서의 자동차 보유 비율이 위험 수준에 도달하기 훨씬 전에 오염 및 교통정체 악화로 "1가구 1대"는 '꿈'이 아니라 '악몽'으로 다가올 것이다.

1980년 시점의 전 세계에는 3억 2천만 대의 등록된 자동차가 도로를 달리고 있었다. 2012년에는 두 배가 넘는 7억 7천만 대로 증가하였다. 그러나 신흥시장에서의 판매가 증가하고 있지만 세계 전체 규모로는 성장이 둔화되고 있다. 〈세계 총 자동차 보유 대수는 향후 수년 내에 최고점에 도달할 것이다〉고 전망하는 애널리스트도 있다.

최고점 도달 시기를 앞당기고 있는 것이 자동차 공유 현상의 대두다. 자동차 공유 프로그램은 세계 각지에서 급속히 확대되고 있다. 이러한 프로그램에 가입한 회원은 자동차를 단기적으로 이용할 수 있게 되어, 자동차를 보유할 필요성이 적어진다. 오늘날 운전자의 대부분은 '필요한 시기에 차를 이용할 수 있기'만을 희망하고 있다. 이러한 사람들은 자동차를 구입하는 비용은 물론 그 등록 및 보험, 급유, 주차, 유지 책임을 지고 싶어하지 않기 때문에 지프, 카트웨건 및 엔터프라이즈 자동차사가 공유 사업에 의존하고 있다. 지프카(Zipcar), 카투고(Car2Go), 엔터프라이즈카셰어(Enterprise carshare)와 같은 공유차회사를 이용하고 있다. 특히, 지프카는 보급뿐만 아니라 250개가 넘는 대학 캠퍼스에서도 이용할 수 있다.

　시장조사기관 프로스트 앤드 설리반 사의 조사그룹은 2013년에 전 세계적으로 350만 명이었던 자동차 공유 프로그램 운전자 수가 2020년엔 2,600만 명으로 급증할 것으로 예상하고 있다. 2013년 시점에서는 자동차 공유 프로그램을 이용하는 사람들 중 약 39%가 EU에 거주하고 있으며 10%는 아시아 전역에 분포되어 있었다. 세계 자동차 공유 프로그램 이용자의 과반수는 북미에 있지만 북미 연구기관은 〈자동차 공유 프로그램 실시로 자동차 공유용 자동차 1대당 적어도 9대의 자가용 차가 도로에서 자취를 감추었다〉고 분석하고 있다. 공유 자동차 1대는 32대 분의 자가용을 대체한다는 예측 결과도 있다. 미국에서는 2013년에 24개의 자동차 공유 프로그램에 120만 명의 회원이 가입되어 있고 거기에서 사용되고 있는 자동차 대수는 총 1만 7천 대였다. '사람들이 자가용 없이 생활하는 것에 익숙해짐에 따라 전반적으로 운전하지 않게 된다'는 것은 자동차 공유 프로그램의 예상하지 못한 또 다른 효과이다.

석유 사용량이 줄어드는 또 다른 요인은 향후 도로를 주행할 자동차가 현재 폐차장에 있는 자동차보다 훨씬 효율이 좋다는 점이다. 예를 들어 미국에서는 미 연방정부가 신차 대상으로 의욕적인 연비기준을 설정하여 이러한 움직임을 가속화시킬 것이다. 2013년에 판매된 신차는 가솔린 1L당 평균 10km 이상을 달리고 있다. 2025년에는 이 거리를 약 23km까지 늘릴 것이 의무화될 것이다. 가솔린 1L당 신차의 주행거리는 12년간 배 이상이 될 전망이다.

전기자동차 보급이 진전됨에 따라 효율은 크게 개선될 것이다. 전기자동차는 현재 시장에 나와 있는 토요타 프리우스 PHV와 같이 가솔린과 전기 양쪽을 쓸 수 있는 플러그인 하이브리드 자동차에서 시작되었다. 아직 초기단계에 있기 때문에 하이브리드 자동차도, 전기만으로 달리는 전기차도 현재는 가솔린차보다 비용이 비싸지만 시간이 지남에 따라 그 비용은 하락할 것이다. 국제적인 금융서비스 회사 UBS의 애널리스트들은 〈전기자동차 가격의 대부분을 차지하는 배터리 비용은 2020년까지 반감할 것〉으로 전망하고 있다. 그렇게 되면 열을 많이 발생시켜 효율이 낮은 내연기관 대신 효율이 높은 전기모터를 사용하는 것이 현실적인 대응이 될 것이다. 간단히 계산해도 전기모터는 내연기관보다 3배 이상 효율이 높다.

전기자동차로의 이행을 주도하고 있는 국가는 노르웨이로 수년 내에 배기가스가 배출되지않는 자동차 5만 대 보급을 목표로 삼고 있다. 2014년 초 노르웨이에서 가장 잘 팔리고 있는 자동차는 전기만으로 주행하는 테슬라 모델 S다. 정부는 전기자동차 소유자에 대해 다양한 장려책을 실시하고 있다. 도로통행료 및 주차장 무료, 무료 충전 스테이션 이용 등이 대표적인 예이다. 종래 자동차에 부과되던 높은 세율도 전기자동차는 면세된다. 전기자동차 이용을 장려함과 동시에 가솔린 및 디젤 자동차 이용을 줄이는 강력하고 다양한 정책 시행으로 이행이 빠른 속도로 진행되고 있다.

이와 관련 〈전기를 원동력으로 하는 교통시스템으로의 전환은 많은 사람들의 예상보다 훨씬 빠른 속도로 달성될 것이다〉고 주장하는 자동차시장 애널리스트도 있다. 이러한 전환이 진행됨에 따라 자동차를 움직이게 하기 위한 전력원이 점점 중요해지고 있다. 만약 자동차가 옥상형 태양광 패널 설비 및 풍력발전 설비로부터 전력을 얻게 된다면 그 차의 탄소 배출은 제로가 된다. 전기로 자동차를 달리게 하는 비용은 1L

당 약 26센트의 가솔린과 별반 다르지 않다. 대부분의 미국인에게 기존 송전망에 자동차의 플러그를 연결하는 것만으로 '가득 찬 가솔린'보다 온실가스 발생을 줄일 수 있다. 주로 태양광 및 풍력으로 발전한 전력을 원동력으로 하는 교통운수 부문은 아직 그 전모가 분명해지고 있지는 않지만 조금씩 형태를 갖추어가고 있다. 우리는 머지않아 그것이 실현되어 가는 모습을 두 눈으로 보게 될 것이다.

지금 교통시스템 구축의 초기 단계에 있는 개발도상국은 사람들의 건강, 도시의 쾌적함 뿐만 아니라 기후를 위해서라도 자동차 보급 확대가 아니라 이동성을 최대화하는 것이 현명하다. 가까운 시일에 석유를 기반으로 하는 현재의 교통시스템이 더 이상 유지하기 어렵다는 것을 알게 될 것이다. 교통정체 및 도시의 대기오염이 악화되든지 혹은 석유 생산을 둘러싼 지리적 및 정치적 제약이 현재화되기 때문이다. 새로운 목표는 해당 지역에서 이용 가능한 태양광 및 풍력에너지로부터 동력을 얻는 전기화된 교통시스템으로 신속히 이행하는 것이다.

제3장

석탄화력발전소를 폐쇄하다

• • • • • •

어느 날 눈을 떠보니 세계는 석탄의 전환점에 서 있었다—
이런 상황이 그다지 먼 미래가 아닐지도 모르겠다. 이미 많은
국가에서 석탄 사용이 줄어들고 있는 것처럼 세계 전체에서
도 감소해 갈 것이다. 석탄은 전 세계 발전량의 약 40%를 차
지하고 있으며, 천연가스는 22%, 수력발전은 16%, 원자력은
11%를 제공하고 있다. 석유는 불과 5% 수준이며 나머지는 풍
력, 바이오매스, 태양광 등이다. 최대 전력 공급원인 석탄이
언제 그 자리를 내어줄 것인가에 대해 정확히 알기는 매우 어
렵다. 그러나 최근 전 세계 태양광 발전용량이 매년 60%라는
놀랄 정도로 빠른 속도로 증가하고 풍력도 20%를 넘는 속도
로 증가하고 있다는 점을 감안하면 산업화 시대를 이끌어 왔
던 검은 암석의 사용량은 에너지 업계의 많은 사람들의 예상
을 뛰어넘는 속도로 감소할 가능성이 있다.

석탄은 땅속에서 발전소 굴뚝까지 오는 과정의 각 단계에
서 그리고 그 이후에도 큰 대가를 요구한다. 탄광 노동자에 대

한 요구는 많은 경우 진폐증이다. 공식 데이터에 따르면, 미국에서는 1968년 이후 탄광 분진을 호흡하여 유발된 예측 가능하지만 치료법이 없는 진폐증으로 사망한 탄광 노동자는 7만 6천 명에 달한다. 보다 많은 탄광이 있고 안전관리가 소홀한 중국에서는 현재 약 10배의 사람들이 진폐증을 앓고 있다고 추정된다. 실제 환자 수는 이보다 훨씬 많을지도 모르겠다. 보다 직접적인 현상으로 중국 내 탄광 사고로 목숨을 잃은 사람 수는 과거 수년간 매년 1천 명을 상회하고 있다.

탄광이 초래하는 건강에의 악영향을 고려할 때, 탄광 노동자의 죽음은 시작에 불과하다. 석탄 연소는 강력한 신경독소인 수은을 환경에 퍼뜨리는 원인이다. 수은은 전 세계 수역에서 수중식물 연쇄를 통한 어류 섭취로 인간의 건강을 위협한다. 석탄에 포함되어 있는 납, 카드뮴, 비소 등의 발암성 물질이 석탄의 채굴 및 세정, 연소 등을 통해 환경 내에 퍼질 가능성이 있다. 석탄 연소로 대기 중에 방출되는 이산화황 및 이산화질소, 분진 등을 호흡하면 심장발작, 폐암 등의 심장혈관계 및 호흡기계 질환에 걸릴 위험성이 커진다.

미국에서는 매년 석탄화력발전소에 의한 대기오염으로 약 1만 3천 명을 넘는 사람들이 수명을 다하지 못하고 사망하고 있는 것으로 추정되고 있으며, 그 대부분이 석탄 의존도가 높은 동부지역에서 발생하고 있다. 석탄 오염 관련으로 유발한 심장발작은 연간 2만 건을 넘고 있으며, 천식발작은 21만 7천 건에 달한다. 사실 이러한 수치도 상당히 좋아진 것이다. 수년 전 연방대기정화법 및 관련 주법의 규제에 의한 굴뚝의 기체 세정기 설치의무화로 석탄화력발전소의 대기오염이 저감되기 전에는 더 많았다. 환경보호단체 클린에어태스크포스의 추계에 따르면 이러한 규제의 영향으로 2004년에서 2010년에 걸쳐 매년 약 1만 1천 명의 목숨이 구제되고 있다. 그러나, 여전히 해야 할 일은 많이 남아있다.

중국은 대기오염에 의한 사망자가 많은 것으로 알려져 있고 오염이 심각한 지역에서는 암 및 심장혈관계 질환의 발생률이 급상승하고 있다. 뉴욕타임스 북경 특파원 에드워드 윙은 다음과 같이 기술하고 있다. 〈중국의 신흥도시 주민은 자신들이 마시는 공기 및 물, 입에 넣은 음식물의 안전성에 의문을 가지고 있으며 농촌지역에서도 이러한 주민이 증가하고 있다. 그들은 마치 중국판 체르노빌 및 후쿠시마 원자력발전소 사고지역에 살고 있는 듯하다.〉 청화대학의 텡페이 부교수는 최근 연구에서 2012년 중국에서 석탄 연소가 원인으로

뇌졸중, 관상동맥성 심장병, 폐암, 만성 폐쇄성 폐질환으로 사망한 사람이 67만 명에 달한다고 발표했다.

난방용 보일러로 태우는 석탄을 화이허 강 북부 지역에 무료 지급한다는 중국 정부의 정책으로 의도하지 않은 실험이 시행되게 되었다. 연구자들은 석탄을 대량으로 사용하는 지역과 그렇지 않은 지역 사람들의 수명을 비교할 수 있게 된 것이다. 연구자들이 얻은 결론은 '여타 요인이 동일하다고 가정했을 경우, 하천 북쪽에 거주하는 5억 명은 무료 석탄에 대해 소름끼칠 정도로 높은 대가를 치르고 있다'는 것이었다. 그들의 수명은 평균 5년 단축되었다.

최근까지 '석탄화력발전은 여러 문제가 있지만 적어도 경제적이다'는 것이 사회적 통념이었다. 그러나, 하버드대학 의학대학원 폴 엡스테인 교수를 필두로 실시한 2011년 연구 결론은 〈석탄은 땅속에서 채굴되어 발전에 사용될 때까지 연간 3천 450억 달러라는 놀라울 정도의 간접 비용을 미국경제에 부담시키고 있다〉는 것이었다. 대부분은 대기오염과 관련한 의료비 부담과 기후변화에 따른 영향이다. 이 막대한 금액은 석탄 자체의 시장가격을 상회하고 있다. 즉, 석탄 사용이 사회에 미치는 간접 비용이 직접 비용보다 크다는 것이다. 이들 간접 비용을 직접 비용에 반영시키면 석탄 발전에 의한 전력 가격은 현재의 족히 2배, 3배가 되어 태양광 및 풍력에 의한 전력보다 비싸지게 된다는 것은 분명한 사실이다.

2013년 후반 UN 반기문 사무총장은 《평화, 번영, 지속가능 개발에 있어서 기후변화보다 큰 위협 요인은 없다》고 언급하면서 기후 안정화를 위해서 보다 강력한 조치를 취하도록 각국에 요청하였다. 기후변화가 인류의 삶을 변화시키고 있는지를 보여주는 충격적인 사건이 일주일이 멀다 하고 지구 차원에서 발생하고 있다. 기후변화 관련 논의는 미래형이 아니라 현재형으로 벌어지고 있다. 지구의 기후를 안정화시키기 위한 조치도 석탄화력발전소의 폐쇄가 그 첫 걸음이 된다. 왜냐하면 석탄화력발전소가 세계 최대의 CO_2 배출원이기 때문이다.

각국은 석탄에서 탈피하기 위해 다양한 접근법을 가지고 있다. EU의 석탄 사용량은 1980년대 중반 이후 감소 경향을 보이고 있다. 1965년 이후 EU 최대 석탄 소비국인 독일은 석탄 소비량을 반감시켰고, 영국과 프랑스는 70%를 감소시켰다. 프랑스는 2012년에서 2016년에 걸쳐 발전용량 3,900MW 분에 해당하는 석탄화력발전소 15곳을 폐쇄시키고 동시에 풍력발전단지를 25,000MW까지 확대할 계획이다.

덴마크는 1997년에 석탄화력발전소 신설을 금지했으며 2025년까지 석탄화력발전을 단계적으로 폐쇄하는 것을 목표로 하고 있다. 2010년 후반, 헝가리는 국내에 1곳 남아있는 석탄화력발전소의 폐쇄를 발표했다. 독특한 방법으로 폐쇄에 이른 곳도 있다. 2014년 3월 이탈리아 북부 사보나 지역에서는 경찰이 석탄화력발전소를 폐쇄했다. 사보나 주임검찰관은《2000년에서 2007년에 걸쳐 발전소에서 배출된 배출 물질이 원인으로 400명이 사망하고 2천 명이 심장병 및 폐병에 걸렸다》는 조사 결과를 주장했고 재판관이 이를 인정하는 판결을 내린 것이다. 660MW급 석탄화력발전소가 이 지역을 오염시키는 일은 더 이상 없을 것이다.

EU 이외에서는 세계 제6위 석탄 소비국인 남아프리카공화국이 석탄 소비량이 최고점이었던 2008년 이후 사용량을 9%가량 줄였다. 2016년에 시행될 예정인 탄소세에 의해 석탄 사용량은 더욱 감소할 것이다. 뉴질랜드에서는 2008년 배출

권거래제 도입 이후 대기 중으로의 탄소 배출이 보다 비싸졌다. 그 이후 뉴질랜드의 석탄 사용량은 30% 감소하였다.

　캐나다 인구의 39%가 거주하는 온타리오 주에서는 주 내 석탄화력발전소 19곳 중 16곳을 2012년까지 폐쇄시켰다. 이미 그 효과가 나타나고 있다. 스모그 발생일 수가 2005년에는 53일이었지만 2013년에는 2일에 불과하였다. 동 주의 거대 난티코크발전소가 폐쇄됨에 따라 자동차 370만 대에 해당하는 CO_2 배출량이 저감되었다. 2014년 4월에는 남아 있던 3곳의 석탄화력발전소가 모두 폐쇄되어 온타리오 주는 석탄제로의 주가 되었다. 동시에 2만 5천을 넘는 주택, 농장, 학교, 교회, 기업이 전력회사의 송전망에 접속된 소규모 태양광발전의 설치 혹은 설치 계획에 착수했다. 이 지역에 풍부한 풍력자원 개발도 온타리오 주가 재생에너지로 이행하는데 중요한 역할을 담당하고 있다. 캐나다 국가 전체로는 2007년 이후 석탄 사용량이 3분의 1 이상 줄어들었다.

　중국에 이어 석탄 소비가 세계 2위인 미국에서 석탄 사용량은 2007년부터 2013년 사이에 18% 감소했다. 국내 523곳의 석탄화력발전소 중 180곳은 최근 폐쇄됐거나 폐쇄 예정이다.

이에 따른 부차적 장점의 하나가 탄광에서 전국의 발전소까지 석탄을 운반하는 열차의 디젤연료 사용량이 감소했다는 점이다. 미국 철도협회 보고에 따르면, 열차에 의해 운반되어온 석탄의 양은 2008년 이후 지속 감소하고 있다.

뉴스 표제어도 석탄의 어두운 미래를 나타내고 있다. 2013년 11월 워싱턴 포스트지는 〈테네시밸리 개발공사, 8개의 석탄화력발전 설비를 폐쇄〉라는 제목의 기사를 게재했다. 미국의 대규모 석탄화력발전사가 이 에너지원을 포기한다는 극적인 사태가 발생하면 석탄화력발전소 소유자 및 석탄 발전에 투자하고 있는 사람들은 투자에 보다 신중해질 것이다.

2013년 4월 워싱턴 포스트지 온라인판에 게재된 기사 제목은 〈조사보고: 이 정도일 줄은 아무도 생각하지 못한 '석탄산업이 안고 있는 문제의 심각성'〉이라는 것이었다. 그것은 듀크대학 니콜라스환경스쿨의 3명의 연구자가 쓴 연구논문에 관한 기사였다. 듀크대학팀이 특히 주목한 것은 「만일 미국의 석탄산업이 오염물질 억제에 관한 보다 엄격한 규제를 의무화시켰다면 비용은 엄청난 수준이 될 것이다」라는 점이다. 저렴한 천연가스의 신속한 보급을 고려해보면 가동 중의 석탄화력발전소의 대부분은 어쩔 수 없이 폐쇄될 것이다.

이러한 사태는 벌써 벌어지고 있다. 예를 들어, 미국환경보호청(EPA)이 정한 수은 및 유해 대기오염 물질 기준의 준수 기한이 2015년이기 때문에 노후화된 미국 내 수십 곳의 석탄화력발전소는 가까운 장래에 폐쇄될 가능성이 있다. EPA는 CO_2 배출규제를 위한 작업에 착수해 있고 이는 장기적인 관점에서 발전사업자의 CO_2 고려 필요성을 강하게 시사하고 있다.

많은 경우, 석탄화력발전소를 개·보수하는 것보다 발전소를 폐쇄하고 비용이 저렴한 태양광 및 풍력에너지로 교환하거나 에너지 효율을 개선하는 편이 훨씬 경제적이다.

미국 북동부에서는 석탄화력발전소 폐쇄를 지지하는 목소리가 커지고 있으며 그 목소리는 사회에 폭넓게 파급되고 있다. 예를 들어 뉴햄프셔 주에서는 약 90개의 기업이 현지 발전사업자인 뉴햄프셔 퍼블릭서비스에게 석탄화력발전소 2곳 모두를 폐쇄하도록 요청하고 있다. 버몬트 주와 로드아일랜드 주는 이미 석탄제로를 달성하였다.

2013년 초 뉴잉글랜드지방에서는 남아있는 7곳의 실용 규모의 석탄화력발전소가 가동되고 있었다. 코네티컷 주, 매사추세츠 주, 메인 주, 뉴햄프셔 주의 여러 시설에 석탄을 공급하기 위해 뉴잉글랜드 지방이 2012년에 여타 주 및 국가로부터 석탄 수입에 쓴 돈은 9,500만 달러에 달했다. 이에 더해, 노후화된 석탄화력발전소를 운전하거나 기준을 충족시키기 위해 개수하는 비용은 급증하고 있다. 이것은 환경적으로 수용 가능 여부에 대한 문제일 뿐만 아니라 재정면에서 실행 가능한지 여부에 대한 문제이기도 하다. 석탄에서 태양광 및 풍력으로 이행하는 것은 보다 저렴하기 때문일 뿐만 아니라 투자한 자금이 그 지역 내 머무른다는 점도 있어 지역 경제에 혜택을 가져다 줄 것이다.

뉴잉글랜드지방에서 최대 인구를 자랑하는 매사추세츠 주는 석탄시대의 막을 내리려고 하고 있다. 2014년 상반기에 남아있던 운전가능 실용규모 석탄화력발전소 3곳 중 세라무하버발전소는 2014년 6월 1일에 폐쇄되었고, 마운트톰 발전소는 다음 날 운전을 정지했다. 세 번째인 브레이튼포인트 발전소는 2017년에 폐쇄될 예정으로 이 시점에서 매사추세츠는 석탄제로의 주가 된다. 매사추세츠 주는 석탄화력발전소

패쇄 등으로 2005년 이후 탄소 배출량이 21% 삭감되었고 세계의 모범 도시가 되었다.

남쪽지방으로 내려와서 워싱턴 D.C.에서 포토맥 강을 지난 곳에 있는 버지니아 주 알렉산드리아에서는 2012년 9월 후반 제논사의 480MW의 대규모 석탄화력발전소가 폐쇄되었다. 미국 하원의원인 짐 모란은 이 발전소를《1960년 이전에 건설된 대기정화법의 규제를 받지 않는 공룡 200마리 중 하나》로 불렀다. 이 발전소는 대량의 질소와 CO_2에 더해 연간 약 33kg의 수은을 배출해왔다. 모란은 다음과 같이 지적하고 있다.《작은 스푼 7분의 1만큼의 수은을 호수에 넣으면 호수 전체를 오염시킬 수 있다》. 미국 서부에 위치한 캘리포니아 주에서는 석탄을 거의 사용하고 있지 않지만 여타 주로부터 석탄화력에 의한 전력의 구입을 2007년부터 2012년에 걸쳐 18% 삭감했다. 네바다 주 전력국은 2025년까지 석탄제로를 목표로 석탄화력발전소를 폐쇄하고 풍력, 태양광, 천연가스발전소로 전환하는 방안을 발표하였다.

몇 군데의 발전회사는 발전과정에서 유발되는 오염을 줄이기 위해 천연가스를 선택하였다. 수평굴착법 및 수압파쇄법 보급이 진전됨에 따라 미국의 천연가스 생산량은 최근 급증했다. 생산량 증가에 의해 연료 가격은 하락하였고 그 결과 전력회사의 석탄 이탈현상은 두드러졌다. 그러나, 천연가스는 단기적인 임시방편에 불과하다. 천연가스는 석탄과 같이 고갈되는 자원이며 그것이 환경에 미치는 피해의 전체상이 점차 분명해지고 있다.

천연가스 개발이 활발한 지역에서는 채굴과 그에 따른 중기 및 트럭 운송의 증가로 대기가 악화된다. 수압파쇄법은 대량의 물을 필요로 한다. 천연가스를 개발하기 위해서 셰일층에 균열을 만들고 화학물질을 포함한 수압파쇄액을 땅속에 주입시키지만, 그것에 의해 귀중한 지하수가 오염의 위험에 노출되어 있다. 공기 및 물 오염에 기인한 건강 문제에 대해서도 불만이 고조되고 있다. 수압파쇄를 하거나 때로는 방사성 원소가 포함되는 경우도 있는 폐수를 땅속으로 재주입해서 오하이오 주 및 오클라호마 주와 같이 지진의 가능성이 거의 없는 지역에서 지진이 발생하였다. 이러한 문제에 더해 최근 연구가 시사하는 바는 공급망에서의 메탄 유출로 인해 천연가스는 석탄보다 더욱 기후를 혼란시킬 가능성이 있다는 것이다. 미국 내 400개 이상의 지자체는 환경, 건강 및 지진의 우려로 수압파쇄법을 반대하는 법안을 가결시켰다. 그럼에도 불구하고 셰일가스 붐은 이어지고 있다.

미시간 주 제니퍼그란호름 지사는 2009년 2월 시정 방침 연설에서 석탄과 천연가스 양쪽에서 탈피하는 것의 이점을 다음과 같이 강조했다.《우리는 연간 20억 달러 가까이 사용하여 여타 주로부터 석탄 및 천연가스를 구입하는 대신, 설계에서 제조, 설치까지 모든 과정을 미시간 주 노동자가 생산한 미시간 주 풍력터빈, 미시간 주의 태양광 패널, 미시간 주의 에너지효율화 장치에 에너지 관련 예산을 사용할 것이다》. 전력의 절반을 석탄화력발전에서 얻고 있는 주에게 이것은 엄청난 충격이 될 것이다.

'대량의 물이 필요하다'는 이유로 석탄화력발전소가 폐지될 수도 있는 지역도 있다. 이것은 특히, 물이 부족하고 운전 중 혹은 인허가 대기 석탄화력발전소가 30곳 전후인 텍사스 주에서 활발히 논의되고 있는 문제다. 텍사스 주의 주요 물 이용자들은 단체를 구성하여 석탄화력발전소의 건설에 반대하고 있다. 농가, 물 부족 도시, 환경보호주의자라는 특이한 구성원들로 구성된 연합체이다. 비영리단체 퍼블릭시티

즌 일원으로 텍사스 주에서의 석탄반대운동에 관여한 라이언 리텐하우스가 지적한 것처럼 '물이야말로 석탄화력발전의 최대 약점이다'.

휴스턴 크로니클지의 마슈 토레소그 기자는 다음과 같이 지적하였다. 〈이러한 대립은 텍사스 주에서 물과 에너지 모두의 수요가 증가한 결과이다. 텍사스 주 인구는 2060년까지 배증할 것으로 전망되며, 거주지도 기업도 늘고, 조명 및 에어컨도 증가할 것이다. 한편 주의 예측에 따르면 침수층 고갈 및 저수지 내 침전물 퇴적에 의해 물의 공급량은 18% 감소할 것〉이다.

텍사스 주의 어려운 물사정에도 불구하고 마다고르다 지역에서는 화이튼 스타리온(백마) 에너지센터라는 멋진 이름이 붙여진 새로운 석탄화력발전소의 건설이 추진되고 있다. 그러나 그것도 지역의 다양한 유권자의 반대 목소리가 커지자 결국 2013년 2월에 개발업자가 계획을 단념하기에 이르렀다. 물이 없으면 일하기가 어려운 쌀 농가는 발전소에 의해 폐업하게 되는 상황을 우려하고 있다. 환경보호주의자 및 어민은 이에 더해 수은이라는 중대한 문제를 우려하고 있다. 지역 사람들도 물고기 및 새우 서식지를 지탱하고 월경하는 새들에게 매우 중요한 서식지를 제공하고 있는 하구지역에서 물이 상실되는 것을 우려하였다.

계획 취소에 대해 시에라클럽은 이렇게 지적한다.《2008년에 발전소 계획안이 제출된 이후 텍사스 발전시장은 크게 변화하였고 풍력과 천연가스의 영향으로 전력요금이 크게 하락했기 때문에 자본집약형 거대한 신규 석탄화력발전소는 대항할 수 없을 것이다.》

240만 명의 회원과 후원자를 자랑하는 시에라클럽은 미국에서 석탄 사용량을 근절하는 운동의 선봉장이다. 석탄 붐을 불러일으킨 부시 정권의 2001년 에너지 계획을 계기로 활동을 확대하여 탈석탄 캠페인을 통해 신규발전소의 건설을 저지하는 투쟁을 이끌어 왔다. 2014년 후반 현재 시에라클럽은 100개를 넘는 여타 단체와 연대하여 183개의 신규 석탄화력발전소 건설 시도를 무효화하고 180개 석탄화력발전소의 폐지 발표를 이끌어내었다.

초대형 폭풍우, 홍수 등 기후변화와의 관련성을 상기시키는 이상기상이 일어날 때마다 석탄화력발전소 폐쇄 움직임은 강화되었다. 포틀랜드 GE 사는 시에라클럽 및 여타 조직이 일으킨 소송으로 오리건 주에 하나 남아있는 석탄화력발전소를 2020년 말까지 폐쇄하는 것에 동의했다. 이 발전소가 폐쇄되면 오리건 주는 석탄제로의 주가 된다. 워싱턴 주의 크리스틴 그레고와루 지사는 시에라클럽 및 여타 환경단체, 노동조합 지도자, 공중위생 활동가, 주정부 당국과의 교섭 끝에 지역 전력사업자가 센트렐리아에 있는 거대 발전소의 일부를 2020년 이전에, 나머지는 2025년 이내에 폐쇄하기로 발표했다. 시에라클럽의 브루스 닐은 다음과 같이 말했다.《이 합의는 각 주가 지구온난화 오염과 진지하게 투쟁하기 시작하였고 지역 유래 클린에너지 시장 개척을 위해 대책을 강구하고 있다는 메시지를 전파하는 것이다.》

2011년 7월에는 뉴욕 시장 마이클 블룸버그가 탈석유 캠페인에 5천만 달러를 기부하겠다고 발표했다. 시에라클럽 마이클 브룬 대표는 이것을 "게임 체인저"로 불렀다. 동 시대 가장 성공한 기업가의 한 사람인 블룸버그가 석탄 철폐를 주창한 것은 국내뿐만 아니라 세계적인 규모로 반향을 불러일으켰다.

탈석탄 캠페인이 성공한 이유는 단순히 미국인이 일반적

으로 석탄을 좋아하지 않는다는 점도 작용했다. 2013년 갤럽 여론조사 결과, 석탄은 보다 클린한 에너지원인 태양광 및 풍력보다 훨씬 인기가 없는, 미국인이 가장 싫어하는 에너지원인 것이 밝혀졌다.

탈석탄 캠페인은 미국 전역에 걸친 활동이지만 실제 폐쇄 노력은 보건기관을 비롯한 지역 단체에 의한 풀뿌리 활동이 연계된 지역 레벨에서 추진되고 있다. 석탄오염이 유색인종의 커뮤니티에 미치는 불공평한 영향을 우려하는 인권단체도 참가하고 있다. 이 환경보호주의자, 보건활동가, 인권단체가 연합하여 탈석탄을 지지하는 견고한 지지세력이 되어있다.

시에라클럽은 석탄화력발전소 폐쇄에 성공했다 하더라도 그걸로 끝이 아니라고 생각한다. 발전소 폐쇄에 힘쓰고 있는 기간 중에도 구성원들은 지역 커뮤니티 힘을 규합하여 석탄화력을 통한 전력 대신 에너지효율 향상과 태양광 및 풍력, 지열 등의 클린 전력에 의한 전력 수요 충족을 위한 활동을 벌인다. 예를 들어 LA에서는 지역 전력사업자와 시에라클럽을 비롯한 각종 단체의 연합을 통해 저소득층 가계를 지키면서도 탈석탄을 추진하는 계획이 책정되었다. 2013년 3월, LA의

안토리오 시장이 《LA시는 2025년까지 석탄제로가 된다》고 발표하였다. LA시는 환경을 오염시키는 에너지 대신에 에너지효율화 및 도시 내로 대규모 옥상형 태양광 구상을 추진하고 있다.

시에라클럽은 대학에서의 대규모 석탄반대운동도 출범시켰으며 여기에는 미국 고등교육기관이 분야를 넘어 폭넓게 참가하고 있다. 일리노이대학과 코넬대학은 석탄제로에 처음으로 참여한 대학이다. 또 다른 선구적 대학인 노스캐롤라이나대학에서는 2010년에 홀덴 소프 총장이 대학 내 석탄 사용을 단계적으로 폐지해 나가겠다고 발표하고 다음과 같이 강조했다. 《석탄 운송차가 학내 발전소에 도착하는 모습은, 기후변화 및 최첨단 에너지 관련 연구를 수행하고 있는 곳이 바로 대학이라는 점을 감안할 때, 어울리지 않습니다.》테네시대학 및 웨스턴캔터키대학, 루이빌대학 등의 석탄이 생산되는 주 소재 대학조차도 캠퍼스 내에서 석탄 사용을 중지하는 것을 공약으로 발표하였다.

2014년 후반기까지 미국 대학 내 모든 석탄화력발전소 중 3분의 1은 폐쇄되든지 혹은 폐쇄될 예정이다. 이러한 성공에 자신을 갖게 된 시에라클럽 학생연합은 화석연료문제 캠페인을 확대시켜 석탄, 석유, 천연가스회사에 대한 투자 중지를 촉구하는 350.org 등의 단체와 협력관계를 구축했다.

투자은행도 석탄에 회의적인 시각을 보이고 있다. 골드만삭스의 애널리스트들은〈세계 발전원료 구성에서 가장 큰 부분을 차지하고 있는 석탄의 위상은 향후 서서히 위협받게 될 것이다〉라고 전망하고 있다. 그들은〈'연료탄성장계획'의 대부분은 수익을 확보하기 위해서 악전고투를 하게 될 것이다〉라고 지적했다. 이에는 크게 세 가지 이유가 있다. 첫 번째는 석탄사용에 대한 환경규제가 강화되고 있다는 것이다. 두 번째는 천연가스, 태양광, 풍력과의 경쟁이 심화되고 있는 것, 그리고 세 번째는 에너지효율 개선에 대한 투자로 석탄 사용량이 감소되어 가는 것이다. 도이치뱅크의 자산운용부문 글로벌 총괄책임자인 케빈 파카는 다음과 같이 언급했다.《석탄은 더 이상 죽은 몸과 다를 바 없다. 은행은 석탄화력발전에 더 이상 융자해 주지 않을 것이다. 보험회사는 보상 대상에서 제외시킬 것이다. 또한 EPA가 계속 규제를 강화할 것이다. 석탄을 클린하게 사용한다 해도 경제적으로 채산성 확보가 매우 어려울 것이다》.

높아지는 석탄 반대 목소리로 이익률이 축소되거나 제로가 되는 사례도 있기 때문에 많은 석탄 관련 기업의 주가가 급락했다. 2011년 4월부터 2014년 9월까지 S&P500지수는 50% 가까이 상승한 데에 비해 석탄 관련을 주요사업으로 하는 기업의 종합지수인 스토우 콜 지수는 70%나 하락했다.

미국 최대 석탄회사인 피바디 에너지 사는 수난의 시대를 맞고 있다. 동 사의 주가 총액은 2006년 11월에는 약 100억 달러였지만 2014년 9월 중반에는 61% 하락한 39억 달러가 되었다. 2014년 상반기에는 다우존스의 에너지기업에 관한 글로벌 지수가 12% 상승했음에도 불구하고 피바디 에너지 사의 주가 총액은 17% 하락하였다. 주가 총액의 하락으로 동 사는 S&P500지수에서 제외되었다.[1]

또 다른 미국의 대규모 석탄회사인 아치콜 사는 2011년 4월에서 2014년 9월 기간에 시가총액 94% 감소라는 충격적인 사태를 맞이하였다. 동 사는 미국의 석탄시장 축소에 더해 중

---

1 2016년 4월 세계 최대 민간 석탄업체인 피바디에너지는 법원에 파산보호를 신청함—역자 주.

국에서의 제철용 석탄 수요의 감소로 큰 타격을 받았다.[2]

미국에서의 석탄 사용량이 급감하는 한편, 개발도상국에서의 사용량은 증가세에 있다. 그러나 이것도 자금운용이 보다 어렵게 되면서 줄어들 가능성이 있다. 2013년 6월 오바마 미국 대통령은 《향후 특수한 사정이 없는 한, 미국의 공적자금을 해외의 석탄화력발전소에 제공하는 것은 없을 것이다》고 발표했다. 이어서 세계은행도 발표 다음 달 석탄발전소를 대상으로 향후 융자는 없을 것이라고 발표했다. 그리고 2013년 7월 EU 투자은행이 석탄화력발전소의 신설 또는 개수를 위한 융자에 대해 엄격한 제한을 두기로 결정했다. 자금제공을 받을 수 있는 것은 탄소 배출량이 어느 정도 정해진 가격을 넘지 않는 시설에 한정된다. 영국에 본거지를 두고 있는 환경 싱크탱크 E3G의 인그리드 홈즈는 위와 같은 조치에 대해 《구체적 행동이라는 관점에서 보면 은행가는 정치가보다 앞서 있다》고 평가했다.

그래도 세계 전체의 석탄 사용량은 증가하고 있다. 많은

---

2 2016년 1월 미국 내 2위 석탄생산 기업인 아치콜 사는 법원에 파산보호를 신청함–역자 주.

국가에서 수백에 달하는 석탄화력발전소 건설이 계획되고 있다. 그중에는 인도가 포함되어 있다. 그러나, 인도는 지역수준의 문제에 직면해 있다. 인도에서의 석탄 개발은 국내에 남아있는 산림 보호를 위협하고 있다. 인도 내 산림은 현존하는 호랑이의 고체군 생육지이기 때문에 보호받고 있다. 지역 커뮤니티는 수천 명의 사람들로부터 거주지를 빼앗는 발전소 계획에 저항하고 있다. 한 예로, 손 페타 연안부에서는 주민들이 어민, 농민, 의사, 여성, 노동자 단체와 연합하여 1,980MW급 대규모 발전소 건설을 저지하기 위해 투쟁했다. 그들의 평화적 반대운동은 폭력으로 억압되었고 그 결과 어민 2명의 목숨이 희생되었다. 양 진영의 대립은 인도 법정에서도 반복되었으며, 이러한 투쟁은 석탄화력발전소의 토지 할당이 취소되고 사실상 건설이 무효화된 시점에서 종료되었다.

인도의 석탄 섹터는 최근 "석탄 게이트" 의혹으로 어려움에 처해있다. 이것은 약 330억 달러의 석탄 채굴권이 공개입찰이 아닌 정계에 네트워크가 있는 대기업 및 부유층에 실질적으로 양도되었던 사실이 드러난 스캔들로 각종 매스컴에서 대대적으로 다루어졌다. 2014년 후반, 1993년부터 2010년 사이에 인가된 200건 이상의 석탄 채굴권이 인도 최고재판소에 의해 취소되었고 현재는 새로운 경쟁 절차를 밟지 않으면 안 되게 되었다.

세계 최대 탄광회사인 인도 석탄공사는 당초 사업을 성공시키든가 아니면 적어도 일정 수준의 효율성 달성이 기대되었다. 그런데, 사실상 독점권을 손에 넣었음에도 불구하고 동사는 빈번히 생산목표를 달성하지 못했다. 2014년 후반 정부는 석탄 채굴을 민간기업에 개방하기 위한 조치를 단행했다. 인도 석탄공사에 의한 독점상태 종식은 가까운 시일 내에 현실화 될 것이다.

인도 내 채굴 및 외국 수입 석탄에 부과되는 세금은 최근 두 배로 상승하였고 그만큼 늘어난 수입은 재생에너지, 구체적으로는 태양광에너지에 투자되고 있다. 나렌도라 모디 수상은 2014년 취임 직후 구자라트 주 수상 재임시기에 주에서 실시되었던 조치와 유사하게 국가 수준에서 태양광 에너지 확대를 강력하게 추진하겠다고 발표했다. 인도석유공사조차도 비용 절감을 위해 몇 군데 자사 시설에 태양광 패널을 설치했다.

그러나 동시에 모디 정부는 아직 전기가 보급되지 못한

사람들에게 전기를 보급하기 위해 국내 석탄 사용량을 2020년까지 배증하려 하고 있다. 석탄 소비량, CO2 배출량 모두 세계 제3위 인도가 이렇게 확대하게 되면 문제가 복잡해진다. 인도의 각 도시는 이미 중국의 유사 규모 도시와 어느 쪽이 더 대기를 악화시켰는지 다툴 정도이다. 석탄화력발전소 증가는 현 상태를 더욱 악화시킬 뿐으로 석탄 관련 공해로 목숨을 잃은 사람의 수를 연간 15만 명 이상으로 확대시킬 것으로 추정하고 있다.

중국은 세계 여타 국가 모두의 소비량을 합한 것보다 많은 석탄을 소비하고 있다. 중국전력의 80%는 화석연료에 기인한다. 그러나 중국의 석탄 소비량의 연간 증가율은 과거 10년간 중 상당 기간은 10%를 상회하고 있지만 2013년에는 4%를 하회하였다. 그리고 2014년 1~11월 중국의 석탄 사용량은 과거 수십 년 동안 처음으로 감소하였다. 이것은 "피크 석탄"의 도래를 의미하고 있는 것인지도 모르겠다.

중국의 석탄 사용량 감소 배경에는 몇 가지 요인이 있다. 첫 번째는 석탄화력발전소로에서 배출하는 오염물질에 대한 국민의 분노가 커지고 있다. 오염이 중국 국민에게 미치는 영향은 대책이 시급한 문제이기 때문에 정부도 더 이상 무시할 수 없다. 물도 요인의 하나이다. 석탄화력발전소는 대량의 냉각수를 사용한다. 농업이 발달한 화북평원지역에서는 지하 수위가 급속히 낮아지고 있는데 여기에 석탄화력발전소마저 건설되면 이와 관련해 물 수요가 높아져 지하 수위 저하는 가속화되고 대수층이 고갈될 것이다. 물 부족의 심각성에 더해 중국은 물을 발전소 냉각수용으로 사용할지 쌀 혹은 밀을 생산하기 위한 관개용으로 사용할지의 선택에 직면하게 된다. 전자를 선택할 경우에는 중국은 지금보다 더 많은 곡물을 수입하게 되고 이는 전 세계 수출가능 공급량에 영향을 미쳐 세계 곡물 가격을 고양시키고 동시에 지구의 기온도 상승시킬 요인으로 작용하게 된다.

2013년 9월 시티뱅크그룹 산하 시티 리서치사가 「예상외: 중국의 피크석탄」이라는 제목의 보고서를 발표했다. 국내에 있는 풍부한 풍력자원 개발에 거는, 중국의 대규모 그리고 선례가 없는 추진 양상 및 최근 세계의 태양광 패널 설치에서의 주도적 지위로의 약진 모습을 보면 중국의 피크석탄은 예상을 벗어나는 일이 아닐지도 모르겠다. 동 보고서에는 예상보다도 빠른 피크 도래의 이유로 여타 에너지원 사용이 증가한 것과 대기오염이라는 난제에 더해 중국 경제의 감속과 에너지 효율 개선을 들고 있다.

최근 결정된 정책 중 일부는 중국 내 석탄의 지위를 약화시키게 될 것이다. 세 개의 성과 세 개의 대도시가 2017년까지 석탄 사용량을 대폭 삭감하겠다고 공약했다. 여기에는 북경, 하북성, 산동성의 주요 공업중심지가 포함되어 있다. 에너지 소비량이 가장 많은 성인 산동성은 현재 독일과 일본의 석탄 소비량을 합계한 것과 유사한 양의 석탄을 연소하고 있다. 북경에서는 2020년까지 석탄 사용과 판매가 금지되었다. 그리고 2014년 11월에는 중국과 미국이 CO_2 배출량을 제한하는 것에 획기적인 합의를 이루었다고 발표했다. 이것은 물론 석탄 사용량이 억제되는 것을 의미한다. 머지않아 중국은 2020년까지 석탄 사용량에 상한을 설정하는 방침을 발표했다.

또한 중국 정부는 최근 수입된 석탄에 최고 6%의 관세를 부과했다. 중국은 국내 석탄 매장량도 막대하지만 세계 최대 수입국이기 때문에 중국이 무엇을 하는가가 세계에 영향을 미친다. 중국의 2대 석탄 수입 국가인 인도네시아와 호주는 모두 자유무역협정에 의해 관세를 면제하게 될 것이다. 중국은 대기의 질을 개선하기 위해서 인구밀집지역에 고탈황 석탄의 사용을 금지하고 있으며 중국에 석탄을 수출하는 모든 국가는 2015년에 시작되는 보다 엄격한 품질 기준을 충족시킬 필요가 있다.

중국은 호주로부터 지속적으로 석탄을 수입해 왔다. 호주와 석탄의 관계는 골치가 아픈 면이 있다. 호주는 자국 내 석탄 사용량에 대해서는 2006년을 최고점을 기준으로 20% 감소했지만 중국, 일본, 한국 등에 대한 수출은 증대시키고 있다. 석탄 전망에 대한 어두움 및 국민으로부터의 전반적으로 부정적인 시각에도 불구하고 호주의 정책 결정자들은 탄광의 신설 및 항만의 확장을 추진하는 등 과거 연료에 필사의 각오로 큰 모험을 걸고 있다. 호주의 토니 아보트 수상은 2014년에 자국의 탄소세를 철폐한 직후《석탄은 인류에게 있어 좋은 것》이라고 선언하고 신규 탄광을 개발하였다. 뉴캐슬에 있는 대규모 항구는 이미 가동률이 100%에 미달함에도 불구하고 석탄의 수출 경쟁력을 높이기 위한 확장이 예정되어 있다. 추가된 항만능력의 확충분이 이용될지 여부는 현재로서는 불분명하다.

미국의 석탄회사도 축소 중인 국내 수요를 대체할 수 있는 시장을 해외에서 찾고 있다. 중국 대상 석탄 수출량은 2007년에는 거의 제로였지만 최근 들어 750만 톤까지 확대시켰다. 미국의 석탄업계는 대중국 수출 급증을 기대하고 있다. 미국의 석탄 총수출량은 최근 10년간 전반적으로 증가해왔고

2012년에는 사상 최고의 1억 1,400만 톤에 달했지만 이후 2013년과 2014년에는 감소되었다. 현재 미국의 석탄업계가 직면하고 있는 것은 단순히 수출량이 증가할 가능성이 있는지 여부가 아니라 현재 수출량을 유지할 수 있을지의 여부이다.

세계 최대규모의 석탄이 매장되어 있는 곳이 와이오밍 주와 몬타나 주에 걸쳐있는 파우더 강 유역이다. 최근까지 미국의 석탄회사가 이 곳의 석탄을 수출하기 위해서는 시애틀 아니면 캐나다의 브리티시컬럼비아 주의 항구를 이용해야 했다. 그러나 태평양 연안의 북서부를 통하는 석탄 수송에의 관심이 고조되고 있다. 만약 새로운 터미널이 건설되면 이 지역은 매년 1억 톤 가까운 석탄을 아시아로 보내는 기점으로서의 역할을 수행할 수도 있다. 말할 필요도 없이 이와 같은 막대한 양의 석탄이 북서부 연안 항구에서 물류가 이루어지면 그곳에 거주하는 사람들의 건강은 크게 위협받게 된다. 또한 콜롬비아 천을 오가는 배의 수와 철도의 교통량 증가는 원활한 지역 물류를 저해할 우려가 있다.

석탄의 수출 증가에 반대하는 진영에서는 시에라클럽, 자연자원보호협의회(NRDC), 여타 많은 전국 및 지역규모 환경단체 및 지역 시민단체가 활동하고 있다. 일찍이 태평양 연안 북서부의 넓은 지역에 거주한 미국 원주민인 룸미족도 건강 및 어업에의 위협, 문화적으로 중요한 장소의 보전에 관해 우려를 표명하고 환경단체와 연합전선을 구축하고 있다. 이 지역에서 탈석탄 캠페인을 전개하고 있는 세시아 칸즈는 이렇게 말했다.《석탄 수출은 우리의 건강 및 공공의 안전을 위협하고 있습니다. 시민들은 이제까지 본 적이 없을 정도의 강력한 항의를 표명하고 있습니다. 사람들은 매우 분노하고 있습니다.》

오리건 주 존 키즈하버 지사와 90명가량의 공직선거직원은 이 지역을 통과하는 석탄 수송량이 계획대로 대폭 증가한 경우의 영향을 종합적으로 분석하는 것을 요구하는 EPA의 요청에 찬성하였다. 이것은 매우 아이러니한 상황이다. 오리건 주와 워싱턴 주는 기후변화가 손쓸 수 없는 상태에 빠지는 것을 방지하고자 석탄화력발전소의 폐쇄를 추진하는 한편, 아시아에서의 지구온난화 오염을 유발하는 파이프역을 요구받고 있기 때문이다.

2014년 1월 상순, 오리건공공방송(OPB)이 골드만삭스가 계획 중인 터미널 중 하나에서 손을 떼고 있다고 전했다. 동사는 골드만삭스의 철회로 미국 석탄산업의 쇠퇴가 가속화되는 계기가 되고 있다고 분석했다. 태평양 연안 북서부를 통해 수출한다는 선택지가 없어지면서 각 기업들은 남부 멕시코만에 기대를 걸고 있다. 그러나 거기에서도 지역의 반대에 직면해 있다. 반대 이유의 대부분은 여타 지역과 같은 이유와 더불어 해안수복에 관한 우려가 자리 잡고 있었다. 주민들은 향후 허리케인이 닥쳐올 때 사람들을 지키는 데 도움이 되는 건전한 해안을 희망하고 있는 것이다. 이와 같이 오염성이 강한 연료를 적극적으로 지원하는 지역을 찾는 것은 간단한 문제가 아니다.

세계는 비로소 석탄 연소로 상실되는 '진짜 희생'을 인식하기 시작했다. 그것은 깨끗한 공기, 음료용 및 농작물의 관계용 물, 그리고 비교적 안정적인 기후다. 이러한 비용은 '저렴한' 석탄의 정체를 폭로한다. 세계 2대 경제대국인 미국과 중국을 비롯해 많은 국가가 이를 인식하고 석탄에서 벗어나려 하고 있다. 재생에너지에의 이행이 가속화함에 따라 보다 많은 석탄이 석탄 자신에게 가장 안전한 장소에 머물러 있는 것이 될 것이다. 즉 땅속에 잠자는 채로 있는 것이다.

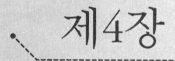

제4장

쇠퇴하는 원자력

・・・・・・

일찍이 '매우 경제적인' 에너지원이 될 것이라고 예견되던 원자력이 높은 비용으로 사용하기 어려워지고 있다. 전 세계 원자력발전은 2006년을 최고점으로 2013년까지 10% 이상 감소하였다. 최다 원자로를 보유한 미국에서 원자력발전은 2010년에 최고점에 도달한 이후 2014년까지 3% 가까이 감소했다. 두 번째 보유국인 프랑스에서는 원자력 발전량이 2005년에 최고점을 기록한 이후 약 7% 감소하였다. 여타 선진국에서도 비슷한 양상이 벌어지고 있다. 세계 각지의 원자력발전소가 노후화되고 태양광 및 풍력발전이 신규 원전보다 훨씬 더 저렴하게 전력을 공급할 수 있게 되었기 때문에 이러한 감소 추세는 지속될 것이며 가속화되는 경우도 충분히 상정할 수 있다.

 "원자력기술의 평화적 이용"이라는 개념은 아이젠하워 미국 대통령이 1953년에 국제연합에서 행한《평화를 위한 원자력》이라는 연설에서 처음으로 제시되었다. 1960년대와 1970년대는 원자력발전소의 건설 러시가 이어졌다. 이후 신규 건설 건수가 급격히 줄어들기 시작하였고 1980년대 중반 이후 성장세가 눈에 띄게 둔화되었다. 세계 발전량의 비중으로 보면 원자력발전은 1996년에 18% 가까이를 차지했지만 2013년에는 11%를 하회하였다.

산업전문 애널리스트인 마이클 슈나이더 등이 발행한 「세계 원자력산업 동향보고」에는 〈전 세계 가동 중 원자로는 2002년 438기로 최고점을 기록했다〉고 기술하고 있다. 2014년 7월에는 가동 중인 원자로는 31개국 총 388기로 감소했다. 감소분의 대부분은 2011년 후쿠시마에서의 원전 사고 후에 일본에서 원전이 대규모로 정지된 것에 기인한다. 전 세계에 남아있는 원자로 중 정확히 100기는 미국에 있다. 다음이 프랑스의 58기, 러시아가 33기이고 한국, 중국, 인도, 캐나다 등이 각각 20기 전후를 보유하고 있다. 여타 상위 10개국에는 영국, 우크라이나, 스웨덴 등이 있다.

통상적으로 특정 발전기술 관련 경험이 쌓일수록 비용은 하락한다. 예를 들어 풍력발전도 태양광발전도 기술 진보와 함께 규모 경제의 영향으로 지난 수년 간 비용은 지속적으로 하락해 왔다. 그런데, 에너지경제 현상 중 아이러니하게도 원자력발전의 비용은 시간이 지남에 따라 증가하고 있다.

주요 비용 증가 원인은 발전소 건설에 오랜 시간이 걸린다는 것이다. 발전소의 설계 변경, 계약 관련 분쟁, 새로운 안전규제, 부품 및 노동력 부족 등 다양한 원인으로 인한 설계 계획의 지연은 드문 일이 아닌 일상화된 일이다. 2004년에서 2014년 중반까지 가동을 시작한 37기 원자로의 평균 건설 연수는 10년이었다. 이 37기 중 20기를 보유한 중국과 인도의 평균은 각각 6년과 7년이었다. 이에 비해 러시아와 우크라이나의 평균 건설 연수는 각각 24년과 19년으로 거의 인간의 1세대분의 시간이 소요되고 있는 것이다. 이란의 최초 원자로 건설에는 36년이 소요되었다.

2014년 중반 시점에서 전 세계에는 70기 가까운 원자로가 건설 중이었다. 마이클 슈나이더의 보고서에 따르면 중국에서 건설 중인 27기 중 20기를 포함하여 49기의 공사 기간이 지연되었다. 러시아에서는 원자로 9기 모두가 계획보다 지연되었으며 미국에서 건설 중인 5기도 공사 기간 지연과 관련해서는 상황은 유사했다. 최종적으로 이들 원자로가 모두 완성되어 발전용량이 증가한다 해도 여타 원자로의 가동 종료에 따른 발전용량 감소를 충당하기는 어려울 것이다.

미국 원자로 중 하나인 테네시 주 와츠바 2호기 건설이 시작된 시기는 1972년이었다. 1980년대 일시 중단되었고 2007년 재개된 이 프로젝트는 2012년에 총비용 25억 달러를 들여 완성할 예정이었다. 그러나 동 원자로 건설회사는《가동 개시일을 2015년으로 연기하고 비용은 40~45억 달러까지 증가할 것이다》고 발표했다. 동 발전소가 2015년에 완성되면 기공에서 완성까지 43년 걸리는 것이 된다.[1] 파나마 운하의 건설에 걸린 시간보다도 긴 시간이다.

미국에서 건설 중인 여타 원자로 4기(조지아 주와 사우스캐롤라이나 주에 2기씩)는 2000년대 원자력산업이 선전했던 「원자력 르네상스」의 일환으로 계획된 수십 기의 신규 원자로 중 아직 남아있는 유일한 계획이다. 2014년 6월 조지아 주 당국은

---

1 2015년 10월 22일 미국 원자력규제위원회(NRC)는 와츠바 원전 2호기에 대한 운전허가를 발급함—역자 주.

보급발전소의 신규 원자로 가동 개시는 당초 예정의 2014년 6월이 아니라 2018년 초가 될 것을 통고했다. 140억 달러가 소요되는 2기 원자로 비용은 하루가 지연됨에 따라 200만 달러씩 상승할 가능성이 있다. 그리고 8월에는 사우스캐롤라이나주 1기 신규 원자로가 더욱 지연되어 당초 계획되었던 100억 달러의 프로젝트 비용이 110억 달러까지 상승할 것이라고 발표하였다. 두 가지 사례는 전기요금을 지불하는 사람들은 발전소가 완성될지 여부에 관계없이 이미 프로젝트비용을 부담하고 있는 셈이다.

원자력 비중이 약 75%로 압도적인 프랑스에도 건설 중 원자로가 1기 남아있다. 2007년에 건설이 시작된 프라만빌 원자력발전소 3호기 비용은 45억 달러로 2012년 완성 예정이었지만 어느 목표도 달성하지 못했다. 현재 프로젝트의 완성 예정은 2017년으로 비용은 적어도 116억 달러 이상이 될 것으로 예상되고 있다. 핀란드에서 유일하게 건설 중인 원자로 1기는 2005년 착공되었지만 유사하게 비용 증가 문제에 봉착해 있다. 가동은 빨라야 2018년 후반까지 기다려야 하며 이는 당초 계획보다 10년 가까이 지연된 것이다.

비용이 급증한 예로 본서의 집필 시점에서는 아직 착공하지 않은 프로젝트를 들 수 있다. 영국 정부는 2005년부터 원자력산업의 부활을 목표로 10기의 신규 원자로를 약속하였다. 이들 원자로의 건설 비용은 각각 30억 달러, 보조금 없이 2017년에 발전을 시작하는 것으로 되어 있었다. 그런데 최종적으로는 EU연합 당국이 2014년 10월에 승인한 원자로는 2기로 축소되었고 2기 모두 거액의 보조금을 받고 가동 개시일은 2023년으로 결정되었다. 지금은 프랑스 국영 전력회사 EDF 사가 건설하는 원자로 비용인 총 390억 달러의 거의 70%를 영국 정부가 부담하도록 되어 있다. 이에 더해 정부는 양사에 대해 발전소가 발전하는 전력에 대해 현재 도매시장 가격의 2배를 지불하는 것에 합의했다.

노후화가 진전됨에 따라 발전소의 운전, 유지 비용은 크게 증가한다. 가장 오랜 원자력발전소 여러 개를 보유한 미국에서는 이 문제에 대한 우려가 커지고 있다. 그레디 스위스는 〈미국의 노후화된 원자로 운전비용이 매년 5%씩 상승하고 있다〉고 보고한 바 있다. 한편, 연료 비용은 매년 9%씩 증가하고 있다. 이와 같은 비용 증가는 신규 발전소 건설을 억제할 뿐만 아니라 기존 발전소의 폐쇄에도 영향을 미치고 있다.

2013년 미국의 원자로 4기는 발전을 계속하는 것이 경제적으로 채산성을 확보할 수 없다고 판단되어 폐쇄되었다. 남캘리포니아 에디슨 사는 샌디에이고 근처 2기 원자로의 증기 발생기로부터 유출과 관련, 과다한 수리 비용을 감안하여 최종적으로 폐로를 결정했다. 듀크 에너지 사는 필요한 수리 비용과 시간이 너무 걸리기 때문에 플로리다 주 원자력발전소를 폐쇄했다. 그리고 도미니온 리소스 사는 위스콘신 주의 원자로(최근 미국 원자력규제위원회가 2033년까지 가동 연장을 승인함)를 수익 감소를 이유로 폐로하기로 결정했다. 5기째 원자로인 버몬트 양키 발전소는 비용 경쟁력이 없다는 이유로 2014년 말에 영구적으로 조업을 중지했다.

버몬트법학대학원 에너지 환경연구소 마크 쿠퍼는《미국에는 경제적 이유로 폐쇄하게 될 가능성이 있는 원자로가 37기에 달한다》고 주장했다. 원자로 운전 비용이 상승하는 한편, 태양광 및 풍력발전 비용은 지속 하락하고 있기 때문에 나머지 원자로가 존속할 수 있는 기간은 그다지 길지 않다.

이것은 미국만의 현상은 아니다. 세계 최대 원자력회사인 EDF 사는 2012년 비용 증가가 원인으로 20억 달러의 적자를 기록했다. 프랑스 데이터에 의하면 2010년부터 2013년 사이 프랑스의 원자력발전 비용은 20% 상승하였다. 독일에서는 거대 전력회사인 E.ON이 2015년에 예상 수익 이상으로 운전 비용이 소요되어 예정보다 7개월 일찍 노후화된 원자로를 폐쇄한다. 스웨덴의 원자로 3기도 유사한 문제를 안고 있다. 전력판매 매출이 계상되는 것은 비용이 소요된 다음이기 때문이다.

최근 국제적 신용등급기관이 원자력에 투자하는 전력회사에 대한 평가를 하락시키는 경향이 있다. 무디스 사는《새롭게 원자력발전소를 건설하는 전력회사는 예산 초과와 공사 기간 지연의 가능성뿐만 아니라, 풍력 및 태양광이라는 저렴한 전력에 의한 가치 하락의 취약성으로 보다 큰 신용 하락 리스크에 스스로 노출시키고 있다》고 언급하고 있다.

여러 원자력발전소를 보유한 EU 소재 전력회사의 시장 가치는 전반적으로 하락하고 있다. 과거 7년간 EDF 사의 주가는 70% 하락했다. 동 기간 프랑스국유로 세계최대 원전 건설회사인 아레바 사의 주가도 88% 하락했다.

세계 각지의 원자력발전소 ―현재 평균 가동 연수는 28년― 가 노후화됨에 따라 오래된 발전소를 개수하든지 아니면 폐쇄하는지를 결정해야 하는 상황이 증가하고 있다. 발전소를 언제 폐쇄해야 하는 가는 그리 간단한 문제가 아니다. 뉴욕타임스지의 마슈 월드 기자는 〈원전 소유자가 '중년기의 고통과 괴로움'과 '종말기의 위기'를 구분하는 것은 때로는 매우 어렵다〉고 쓰고 있으며 저자도 말 그대로라고 생각한다.

원전 폐쇄에는 비용이 든다. 2013년에 은퇴한 캘리포니아 원자로 2기에는 20년간 폐로 작업에 총 44억 달러의 비용이 소요될 것으로 예상된다. 폐로 비용의 가장 극단적인 예는 세계 최초 상업용원자력발전소인 영국 세라필드 원자력시설이다. 영국 정부는 현재 4개 원자로 폐로와 1950년대 생산된 플라티늄 처리 등으로 다음 세기에 걸쳐 1,300억 달러라는 엄청난 비용이 들 것으로 시산하고 있다.

'방사성 폐기물 처분'도 장기간에 걸쳐 비용이 소요되며 또한 미해결 문제이다. 그 때문에 원자력발전소를 보유한 모든 국가에서 방사성 폐기물이 축적되고 있다. 2014년 시점에서 미국의 방사성 폐기물은 35주 80개 곳의 시설에 일시적으로 보관되고 있다. 캘리포니아, 코네티컷, 일리노이 등 9개 주는 폐기물을 용인할 수 있는 처리 방법이 개발될 때까지 신규 원자력발전소 건설을 금지하고 있다.

미국 정부는 20년 이상 기간 동안 국내 원자력발전소에서 생성된 방사성 폐기물을 네바다 주 라스베이거스의 약 145km 북부 지점에 있는 유카마운틴에 처분장을 만들어 저장하는 방안을 제안해 왔다. 2001년에는 이 처분장을 완성시키기 위해서는 추계 580억 달러가 필요하다고 전망했지만 2008년에는 960억 달러로 상승하였다. 이것은 원자로 1기당 약 10억 달러라는 엄청난 금액이다.

비용 증대에 더해 처분장 건설도 예정보다 크게 지연되고 있다. 당초 예상으로는 폐기물의 반입 개시는 1998년이었지만 2017년으로 변경되었고 이후 한 차례 연기되어 2020년이 되었다. 그런데 2009년 미국 에너지성은 유카 처분장을 포기하고 새로운 입지 선정을 추진하고 있다고 발표했다. 지지자들은 유카마운틴에 입지하는 안을 다시 추진하려 하지만 그것이 실현된다는 보장은 없다. 미국 원자력 업계는 자신이 놓은 덫에 걸려있는 것처럼 보인다.

현재로서는 수용할 수 있는 장기적 해결책을 찾은 국가는 없다. 예를 들어 한국도 대량의 폐기물을 축적하고 있으며 현재 70%가 가설 저장탱크에 보관되어 있다. 아산정책연구원의 박지영 연구원은 《우물쭈물하면서 폐기물을 계속 축적해 나갈 수는 없다. (사용 후 연료를 어떻게 보관할 것인가에 대한) 결론이 나오지 않는다면 원자력발전의 중지 여부를 논의해야 할 때》라고 말하고 있는데 핵심을 찌르는 말이다.

일부 국가(프랑스, 인도, 일본, 러시아, 영국)에서는 사용 후 핵연료 재처리를 허가하고 있다. 플루토늄과 우라늄을 여타 핵폐기물로부터 분리해서 원자로 연료로 재이용하는 것이다. 핵폐기물의 양은 지속 증가하기 때문에 폐기물 저장과 처분의 문제가 해결되는 것은 아니다. 또한, 핵폐기물의 재처리과정에서 플루토늄을 분리하면 테러리스트가 핵무기로 입수하거나 원자력발전 시설을 갖는 국가가 독자적으로 핵무기 개발을 계획할 리스크가 높아진다.

세계적으로 숙련된 원자력 기술자는 부족하며 원자력발

전소의 부품 제조 업체의 공급력도 충분하지 못하다. 고령화된 원자력 기술자는 은퇴하였고 '제 명대로 살기 어렵다'는 인식이 광범위하게 퍼져있는 이 분야에 은퇴자를 보충할 수 있을 정도로 신규 인력이 진입하지 않고 있다. 이 사양산업이 필요로 하는 기술과 부품을 언제나 손쉽게 얻을 수 있는 상황이 아니며, 이는 또 다른 비용 상승의 원인으로 작용하고 있다.

원자력발전의 가장 중요한 문제는 경제학적 원리가 작용하지 않는다는 것이다. 2011년 3월 11일에 세계가 새롭게 인식하게 된 것처럼 항상 사고 ―그 자체가 막대한 비용이다―의 리스크가 동반된다. 그날 오후 2시 46분 강도 9.0의 지진이 일본의 동북 연안부를 습격했다. 1분 이내에 진원에서 약 180km 이상 떨어진 동경전력 후쿠시마 제1원전 6기의 원자로 중 가동 중이던 3기는 진동을 탐지하여 자동 정지했다. 지진으로 송전망에서 발전소로의 송전이 끊어지고 그것을 계기로 비상용 디젤발전기가 가동했다. 그러나 불행하게도 지진이 유발한 높이 12m의 거대한 파도에 의해 원자로 건물이 침수되었고 비상용 전원이 파괴되었다. 핵연료봉에 냉각수를 지속 주입하기 위한 전원이 상실되자 노심이 과열하였고 이로 인해 냉각수가 증발하여 노출된 핵연료봉에서 수소 가스가 발생하였다.

사건 당일 밤, 정부는 원자력 긴급사태 선언을 발령하고 발전소 반경 3km권 피난을 지시했다. 다음 날 아침, 피난지시구역은 10km권으로 확대되었다. 그날 오후 1호기가 수소 폭발을 일으키자 피난지시구역은 20km권이 되었다.

지진과 해일이 습격한 후 4일 이내에 그때까지 가동했던 원자로 3기 모두가 방사성 물질과 수소를 방출하면서 노심용융하였다. 폭발은 이어졌고 재난발생시는 가동 중지였지만 사용 후 연료풀이 손상되었던 4호기를 포함한 2기가 동요되었다. 세계는 쇼크를 받았으며 1만 5천9백의 인명을 빼앗은 대규모 재해에 이은 원자력 사고를 보도하는 24시간 케이블 뉴스를 지켜보았다.

엄청난 복구작업의 규모를 작업에 직접 관여하지 않은 사람이 상상하는 것은 매우 어렵다. 원자력산업 애널리스트인 슈나이더는 복구작업의 다양한 측면을 상세하게 기술하였다. 사고 후 3년째인 2014년 5월 시점에 하루당 4천2백 명이 현장에 남아있었다. 현장을 관리하는 작업 인력을 확보하는 것은 점점 어려워지고 있었다.

원전 폭발 잔해 안쪽에 있는 용융한 연료를 지속 냉각시키기 위해서는 하루 360톤의 물이 필요하다. 2014년 7월 시점에서 50만 톤이 넘는 방사성 물질을 포함한 물이 후쿠시마 제1원전 부지 내에서 불안정한 상태로 보관되었다. 계속 늘어나는 물량에 어떻게든 대응하고자 원전사업자인 동경전력은 부지 내 탱크 저장 용량을 80만 톤으로 확대하겠다는 계획을 발표했다. 말할 필요도 없이 이렇게까지 막대한 작업에 부수하여 방사성 물질을 포함한 물이 토양, 지하수, 가까운 태평양 연안에 유출되는 등 많은 문제가 발생하였다. 그것은 끝이 없는 공포영화가 되고 있다.

후쿠시마에서 벌어진 노심용융이 사회에 미친 영향은 보수적으로 보아도 '광범위하다'고 말하지 않을 수 없다. 후쿠시마현 내 약 13만 명이 집에 돌아오지 못하고 있다. 그리고 지진과 해일의 피해를 받은 지역의 여타 13만 7천 명도 7개 현으로 분산되어 피난생활을 보내고 있다. 자살을 포함한 약 1천7백 명이 사망하였고 이는 원전 사고가 일으킨 혼란과 스트레스가 원인인 것으로 분석되었다.

후쿠시마 원자력발전소 원자로를 폐로화하기 위해서는 40년의 시간과 1천억 달러의 비용이 드는 것으로 추정되고 있다. 이 금액에는 주변 지역의 방사능 제거 및 동경전력이 지불하고 있는 손상된 재산 및 정신적 고통 등에 대한 피해자 보상 등 —합하여 4천억 달러가 소요될 가능성이 있음— 은 포함되어 있지 않다. 더욱더 우려되는 부분은 이 노심용융이 세계에서도 기술적으로 가장 발달한 국가에서 일어났다는 사실이다.

이 사고는 원자력발전의 전망을 송두리째 바꾸어놓았다. 후쿠시마의 원전 사고가 일어나기 전, 일본에 있었던 54기 원자로 중 16기는 점검 및 보수관리를 위해 가동이 중지되어 있었다. 지진과 해일이 습격해 온 때, 기능하지 않게 된 후쿠시마 1원전의 원자로를 포함, 10기 이상의 원자로가 긴급 정지되었다. 일본의 여타 원자로도 최종적으로 점검 혹은 지진에 대한 취약성 때문에 가동을 정지했다. 이후 2기만이 특정 기간을 두지 않고 재가동했지만 2013년 9월에는 다시 가동을 정지했다.

후쿠시마 사고의 경험으로 일본에서는 원자력발전에 반대하는 여론이 커졌다. 대부분의 사람들은 국내 어느 발전소도 재가동되는 것을 희망하지 않았다. 2014년 후반 시점에서 일본에서 가동하고 있는 원자로는 하나도 없다.[2]

사고 직후 일본에서는 부족한 발전용량을 확보하기 위해 천연가스 및 석유에 대한 관심이 높아지고 있다. 다만 시간이 경과되면서 태양광, 풍력 및 지열에너지와 같은 재생에너지원에 대한 관심도 재현되었다. 이러한 에너지는 일본의 어느 지역에서도 입수가 가능하다. 아직 분명하게 말할 수 있는 단계는 아니지만 후쿠시마 사고로 일본이 원자력발전에 종지부를 찍을지도 모르겠다.

후쿠시마 원전 사고 후 수일이 지나지 않은 시점에서 독일의 메르켈 수상은 독일의 가장 오래된 원자로를 폐쇄하겠다고 발표했다. 또한 독일 내 17기 원자로를 모두 폐쇄하는 계획이 2011년 5월에 합의되었다. 부족분은 독일의 그린에너지

2 2015년 8월 가고시마현 2기는 신안전기준을 충족하고 지역주민의 재가동 승인을 취득하여 재가동되었다―역자 주.

원(주로 풍력, 태양광 및 지열에너지)를 이용하여 보충하도록 되어 있다.

원자력발전에 등을 돌린 국가는 독일뿐만은 아니다. 3기의 원자로 신설을 계획한 스위스는 건설 계획을 취소했다. 또한 5기의 원자로에 대해서도 향후 20~30년간 당초 허가된 가동 기간이 종료한 후에는 영구적으로 폐쇄하겠다고 선언했다. 이탈리아는 1980년대에 중지되었던 원자력 계획의 재기를 계획하고 있었지만 2011년 6월 국민 투표에서 유권자의 90%가 원자력발전의 반대를 선택했다. 벨기에는 국가 전력의 절반을 공급하는 7기 원자로를 단계적으로 폐지하는 방안을 결정했다. 프랑스도 극단적으로 높은 원자력발전에의 의존도를 2025년까지 50%로 축소하겠다고 발표했다.

후쿠시마 원전 사고는 전 세계에 원자력발전의 잠재적 위험성을 경고했다. 그것은 이전의 2개 사고 당시에는 거의 무시되었던 사항이다. 1979년 3월 28일에 미국의 스리마일섬 원자력발전소 2호기가 일부 노심용융했다. 사고의 시작은 전기 계통 및 기계 고장으로 인한 냉각장치 손상이었다. 운전원의 거듭된 실수는 과열과 중대한 노심용융으로 이어졌다. 핵시

대에 들어선 이후 미국에서의 가장 심각한 사고였지만 다행히도 방사성 물질의 유출은 제한적이었고 발전소 종업원들 및 지역 사회에서도 중대한 건강 피해는 발생하지 않았다.

사고 후 13년에 걸쳐 사고 처리를 위한 계획이 수립되었고 최종적으로는 10억 달러 가까운 비용이 소요되었다. 스리마일섬 발전소의 노심용융이 인간과 환경에 미치는 영향은 한정적이었다고 보이지만 이것은 경종 ―초공업국에서도 원자력 관련 사고가 발생할 수 있다는 경고― 으로 받아들여져야 한다.

7년 후 1986년 4월 26일 아침, 당시 소련의 일부였던 우크라이나 체르노빌 원자력발전소의 4호기가 폭발했다. 방사성 동위체가 수 km에 걸쳐 대기 중에 방출되어 그 후 10일간에 걸쳐 바람을 통해 사방으로 운반되었다. 방사성 물질의 하락이 우크라이나, 벨라루스와 러시아의 15만 m^2를 오염시키고 그것보다도 선량은 낮았지만 방사성 물질은 북반구 여러 곳에서 검출되었다. 발전소에서 가장 직접적으로 방사능에 노출된 작업원이 받은 폭발의 영향은 심각했다. 134명의 작업원이 고선량 피폭에 의해 급성방사성 장애가 발병되었고 그중

28명은 3개월 이내에 사망했다. 그 지역에 살고 있던 수천 명의 아이들이 갑상선암에 걸렸다.

발전소 주변 30km 내의 출입금지구역은 심각한 오염으로 거주가 불가능하게 되었다. 200곳 가까운 마을이 방치되었다. 체르노빌 발전소에서 3km 이내에 사는 인구 4만 5천 명의 쁘리파치 주민도 즉각 피난했다. 동 시는 현재 유령마을이 되었다. 사고 이후 30년 가까운 시간이 지났지만 여전히 비용이 필요한 사고처리 작업은 이어지고 있다. 사람과 돈이 한정되어 있는 가운데 우크라이나 정부는 늦장 대응으로 일관해 사고처리가 완료되기 위해서는 앞으로 100년이 더 필요할지도 모른다.

EU 상공을 떠다니는 방사선 플룸을 포함해 체르노빌의 방사성 낙하물에 의한 사망자를 추계하려는 연구는 다수 시행되었으나 구체적 수치에는 편차가 크다. 더욱 어려운 것은 원전 사고 후 신체적 및 경제적 스트레스에 더해 심리적 영향을 파악하는 것이다. 오염지역에서의 생활 스트레스가 알코올 의존증의 비율 및 흡연율 증가에 기여할 가능성이 있다는 것을 보여주는 증거가 있다.

체르노빌 원전 사고의 처리 비용이 정확하게 얼마나 되는지는 측정하기 매우 어렵지만 대략 수천억 달러 수준이 될 것으로 예상된다. 2000년대 중반 시점에서 우크라이나는 아직 국가 예산의 5~7%를 체르노빌 관련 프로젝트 대상 급부금으로 지출하고 있다.

미국 등 약 30개 국가는 체르노빌의 파괴된 원자로를 둘러싼 노후화된 "석관"을 뒤덮기 위해 3만 2천 톤의 아치형 쉘타에 자금을 제공하고 있다. 석관이 붕괴한 경우에 방사성 물질을 봉쇄하기 위해서다. 완성은 2017년경으로 예정되어 있다.

파괴적인 원전 사고 재해가 초래하는 리스크가 높다는 것은 분명하다. 미국에서는 가능성이 있는 손해의 대부분을 국민이 부담하는 것으로 되어 있다. 1957년 의회는 미국 내 원자력발전소를 보유한 전력회사를 사고 비용에서 보호할 수 있는 프라이스 앤더슨 법을 가결했다. 이 법률은 발전회사에 원자로시설 1개소당 3억 7,500만 달러의 민간 사고보험에 가입할 것을 의무화하고 있으며 파괴적인 사고가 발생한 경우 효율적인 사고 비용 지불을 위해 각 전력회사는 인가된 원자로당 최대 1억 2,100만 달러를 부담하는 것을 의무화하고 있다.

인신장애와 재산 손해에 대해서 원자력발전 사업자가 지불해야 할 배상의 총액 상한은 130억 달러이다. 따라서 이를 상회하는 비용이 드는 사고가 발생하면 납세자가 부담하게 된다. 유감스럽게도 샌디아 국립연구소에서는 《최악의 시나리오에 속하는 사고에는 약 7천억 달러의 비용이 든다》고 추정하고 있다.

전력회사가 사용하고 있는 원자력발전의 비용 계산에 완전한 것은 거의 없다. 모든 비용을 사전에 포함시킨다면 원자력발전소 건설을 정당화하는 것은 불가능할 것이다.

원자력발전의 암울한 미래와는 정반대로 풍력 및 태양광발전은 급부상하고 있다. 전 세계 풍력발전은 과거 10년간 연평균 2.6%, 태양광발전에 기인한 전력은 연평균 51% 증가하고 있다. 전 세계 발전용량은 2013년에 풍력과 태양광을 합하여 72,000MW 증가했다. 한편, 원자력발전은 1,500MW 감소했다.

중국과 인도에서도 2013년 풍력발전단지가 원자력발전소보다 많은 전력을 생산하였다. 중국에서의 풍력발전은 단순히 원자력발전을 상회할 뿐만 아니라 급격한 증가세를 보이고 있다. 중국의 원자력발전은 연평균 10% 수준으로 확대되고 있지만 풍력의 성장세보다 훨씬 완만하다. 2008년에서 2013년에 걸쳐 중국의 풍력발전량은 연평균 59%라는 눈부신 성장세를 보이고 있다.

그리고 과거 수십 년간 원자력발전의 상징이었던 프랑스는 향후 10년간 원자력의존도를 축소하면서 전원 구성에서의 재생에너지 비율을 16%에서 40%로 상승시킬 것이다. 풍력발전의 대폭 증강은 에너지효율의 향상과 태양광발전의 증가와 함께 프랑스가 원자력에서 벗어나는 중요한 요소가 될 것이다.

신규 원자력발전소 대신에 풍력발전단지 및 패널을 신설하는 편이 합리적인 이유는 매우 간단하다. 풍력, 태양광발전은 기후를 변동시키는 탄소를 배출하지 않고 발전이 가능하다는 점에서는 원전과 다르지 않다. 그러나 이들 에너지원은 원자력발전에 필요한 자금 및 환경/건강상 리스크 없이 보다 저렴한 가격으로 발전할 수 있다. 풍력 및 태양광의 발전 설비는 원자력발전소의 건설 기간에 비해 정말 빠른 시간에 가동이 가능하다. 그리고 가동이 시작되면 연료는 무료이고, 지역에서 생산되고 부존량은 무진장하다.

전체적인 상황을 정리하면 2014년 후반 시점에서 31개국 정도가 아직 원자력발전소를 가동시키고 있지만 원전을 신규로 건설하고 있는 국가는 그 절반에도 미치지 못한다. 증설을 계획하고 있는 국가의 대부분은 중앙계획경제의 국가들이다. 그러나 자유시장이 없는 국가에서도 높은 비용 때문에 원자력발전이라는 에너지 선택지는 매력이 없다. 원자력발전의 전성기는 지금은 과거의 일이 되었다. 근년 세계적인 원자력발전의 감소는 일시적인 하락이 아니라 원자력발전 종말시대의 시작인 것이다.

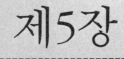

제5장

태양광 혁명

1954년 4월 전 세계 일류 과학자들이 워싱턴 D.C.에 모였다. 그곳에서는 태양광발전을 통해 라디오송신기에서 송출되는 사람의 목소리와 음향을 듣는 실험이 실시되었다. 또한 이는 뉴저지 주 벨 연구소 과학자들의 발명을 실연해 보이는 자리이기도 했다. 그 발명이라는 것이 실리콘 소재로 만든 최초의 실용적 태양전지에 관한 것이었다. 태양전지의 발명은 오늘날 전 세계의 지붕 위와 거대 태양광발전단지에서 진행되고 있는 태양광 혁명의 시초가 되었다.

태양전지(PV)는 미국이 소련연방과 우주개발경쟁을 벌였던 1960년대 위성의 동력원이었다. 그러나 태양전지 기술은 너무 고가였기 때문에 여타 방면에서는 그다지 사용되지 못했다. 이러한 상황에서 1973년 아랍제국에 의한 원유금수 조치가 취해졌다. 사회적으로 에너지 안보에 관한 불안이 고조되었고 이를 배경으로 각국 정부 및 민간기업은 태양광 기술

연구개발에 수십 억 달러를 쏟아 부었다. 그 결과 큰 폭의 효율 향상과 비용 삭감이라는 결실을 손에 넣었으며, 1980년대 태양전지 보급이 보다 활발하게 이어졌다. 이후 태양전지는 전화 중계국용 및 주요 도로의 비상전화용 전원 등에 응용되었다.

태양전지의 용도와 관계없이 초기에 태양전지의 제조를 주도한 것은 일본과 미국의 기업들이었다. 예를 들어 샤프 및 교세라 등의 일본기업은 처음으로 휴대용 계산기에 태양전지를 응용하였다. 1983년에 발매된 태양전지식 카드형 계산기는 지금도 광범위하게 사용되고 있다.

1980년대 중반에 들어서는 미국과 일본의 태양전지 생산량을 둘러싼 주도권 싸움에 독일이 가세했다. 하지만 21세기 초기까지도 전 세계 태양전지 생산량의 약 70%를 일본과 미국의 기업이 독점했다.

독일의 선견적인 에너지정책은 과거 10여 년의 기간에 태양광발전의 놀라운 성장을 이룬 촉매재가 되었다. 독일 정부의 정책은 재생에너지를 사용하는 발전사업자에게 송전망에 대한 우선적 접속과 장기적으로 높은 고정 가격으로의 매입을 약속하여 태양광 비즈니스를 경제성을 갖춘 매력적인 사업으로 만들었다. 활기를 띠게 된 독일의 태양전지 제조업은 일본에 이어 세계 2위로 도약했다. 수요를 충족시키기 위해 생산량은 증가하였으며 생산량 증가는 태양광 패널 가격을 하락시켜 수요가 더욱 확대되었다.

태양전지의 수요가 급속히 확대되는 가운데 세계의 공장인 중국이 끼어들었다. 2006년경에 시작된 중국 태양전지산업의 활성화는 전 세계 생산량을 크게 증가시켰고 이는 가격 하락을 초래했다. 오늘날 중국은 태양광전지 생산 대국이 되었고 전 세계 태양전지의 3분의 2 가까이를 제조하고 있다. 미국, 일본 및 독일을 모두 합한 것보다 많은 양을 생산하고 있는 것이다.

최근 수십 년간 태양광 패널의 가격 하락에는 깜짝 놀랄 만한 사건으로 가득하다. 1972년에는 1W당 74달러를 상회하였으나, 2014년 중반에는 평균 가격이 1W당 70센트를 하회하였다. '99% 인하된 가격'이다(참고로 미국의 표준적 가정의 발전용량은 2~10kW 수준. 1kW는 1,000W에 해당).

전 세계에서 주택 및 상업 시설의 옥상과 태양광발전단지(태양광발전소 혹은 태양광파크라고 불리고 수십 km²에 달하는 것도 있다)에서 태양광 설비가 비약적으로 증가하고 있다. 2008년부터 2013년에 걸쳐 태양광 패널 가격이 3분의 1 정도로 하락하는 가운데 전 세계 태양광발전의 설비용량은 16,000MW에서 139,000MW로 급속히 증가해왔다. 이것은 인구가 8천3백만 명인 독일의 모든 가정이 사용하는 전력을 생산할 수 있는 발전 규모이다. 도이치뱅크는 2014년 1월에 발표한 태양광 전망 보고서에서 2014년 46,000MW가 신설되나 2015년은 이보다 큰 56,000MW를 기록하는 등 전반적으로 큰 폭의 성장이 지속될 것으로 예측하였다.

파리에 있는 국제에너지기구(IEA)는 재생에너지에 관해 전반적으로 보수적인 예측을 해왔지만 태양광 관련 예측은 계속해서 상방 수정하고 있다. 비교적 최근인 2011년 시점에서 〈2015년 태양광 발전용량은 112,000MW가 될 것이다〉라고 전망했지만 전 세계는 2013년에 이미 이 수준을 넘어섰다. IEA는 현재 2018년의 설비용량을 326,000MW로 예측하고 있지만 세계는 이보다 빠른 2016년경에 이 숫자에 근접할 것이다.

태양광발전의 보급과 관련하여 유념해야 할 것이 있는데, 에너지 관련 기관의 각종 출판물에서 태양광 자원의 방대한 규모를 전달하기 위해 흔히 사용된다. '태양에서 불과 1시간 만에 지표에 도달하는 태양광만으로도 세계 경제를 1년간 움직일 수 있는 만큼의 에너지를 공급할 수 있다'는 사실이다.

5년 전 세계 최대였던 태양광발전 프로젝트가 현재 기준으로는 소규모로 느껴진다. 캐나다의 80MW급 태양광 파크는 2010년 완성 시에는 세계 최대 규모였다. 지금은 발전용량이 수백 MW에 이르는 태양광발전소가 세계 곳곳에서 건설되고 있다. 예를 들어 일본 나가사키 근해의 작은 섬(우쿠지마)에서 발전용량 430MW급 프로젝트가 계획되고 있다. 미국 캘리포니아 주에서 현재 300~500MW 발전용량의 태양광 발전소가 건설 중인 것도 크게 놀랄 일은 아니다.

도이치뱅크는 2014년 상반기에 이미 14개국과 미국 캘리포니아 주의 태양광발전은 보조금 없이도 가정용, 업무용, 산업용 전기요금에 대해 충분한 가격 경쟁력을 보유하고 있다고 지적하였다. 예를 들어 캘리포니아 주나 남아프리카에서도 지붕형 태양광발전은 송전망을 통한 전력보다 25% 저렴하게 되었고 칠레에서는 송전망을 통한 전력 비용의 절반 이하 수준이다. 현재 태양광발전이 전력의 8% 가까이를 생산하고 있는 이탈리아에서는 가정용 전력시장뿐만 아니라 산업용 전력시장에서도 태양광발전 비용은 송전망을 통한 전력의 3분의 1정도에 불과하다.

또한 독일의 가정용 및 산업용 전력시장에서도 태양광발전이 송전망을 이용한 전력 비용보다 저렴하다. 독일이 태양광발전에 매우 우호적인 자연환경을 보유하고 있는 것은 아니다. 실제 독일의 태양광자원 규모는 비가 많은 미국 워싱턴주 시애틀과 유사한 수준이다. 다만 정부 정책으로 재생에너지 보급에 힘을 들인 덕분에 독일은 2005년 세계 최대 태양광발전 설비용량을 보유하게 되었다. 2014년 시점에서 독일에는 약 140만 건의 태양광시스템이 설치되었고 발전용량은 총 36,000MW로 전 세계의 4분의 1 이상을 차지하였다. 2013년 독일의 소비 전력 중 태양광발전이 차지하는 비율은 약 5% 였지만 2014년 1~11월 동안 그 비율은 7% 가까운 수준까지 상승하였다.

그러나 태양광발전의 설비용량 기준으로 세계 1위 자리

에 새로운 국가가 부상하고 있다. 독일을 비롯한 EU 지역은 최근 들어 전반적으로 보조금이 줄어들면서 연간 신설 용량이 둔화되고 있다. 한편, 태양광발전 설비 보급이 다소 뒤처진 중국이 전속력으로 달리고 있다. 중국의 태양광 발전용량은 2013년에 18,300MW로 2배 이상 증가하여 이탈리아를 세계 제2위 자리에서 밀어내었다. 중국은 머지않아 세계 최대의 태양광에너지 이용국이 될 가능성이 있다.

중국 정부는 태양광발전 설비 보급 목표를 상당히 보수적으로 잡고 있는 것 같다. 중국은 당초 2020년에 20,000MW 가동을 목표로 하였다. 이것은 이후 50,000MW로 상향 조정되었고 2014년 5월에 중국은 더욱 야심적인 새로운 목표를 발표하여 세계를 깜짝 놀라게 하였다. '2017년에 70,000MW'이다.

호주는 세계 유수의 석탄 생산국이자 수출국으로 석탄이 발전량의 3분의 2를 차지하고 있다. 그러나, 태양전지의 가격이 하락하여 지붕에 설치하는 태양광시스템 보급이 증가하면서 에너지믹스에서의 태양광발전 중요성이 커지고 있다. 2014년 초 시점에서 호주 주택의 7채 중 1채가 지붕형 태양광 발전시스템을 이용하고 있다. 2007년에는 지붕형 태양광

발전시스템 8천 건에 불과했지만 지금은 100만 건을 초과하였다.

호주 사람들에게 태양광 이용이 매력적이 된 이유 중 하나는 가정용 전기요금이 급등하고 있다는 점이다. 송배전회사는 광대한 국토에서 전력망의 보수와 확대를 위해 2009년 이후 약 450억 호주 달러를 지출하고 있다. 아마 이 돈의 대부분은 예상된 수요 증가에 대응하기 위해 투자되었지만 실제로는 지붕형 태양광 발전시스템 설치로 자가 소비전력의 일부를 태양광으로 충당하는 사람들이 증가하였기 때문에 당초 예상한 수요 증대는 발생하지 않았다.

이러한 인프라에 대한 과잉 투자가 원인으로 현재 송전망을 통해 전력을 구입하는 경우에는 이전보다 약 2배의 요금이 지불되고 있다. 호주의 에너지문제 저널리스트인 자일리즈 파킨슨은 2014년 7월《가정용 태양광발전 비용은 1kW당 12~18 호주 센트로 곧 1kWh당 10호주 센트를 하회할 수도 있다》고 언급했다. 한편, '매월 지불하는 송배전 요금은 1kWh당 15호주 센트로 평균적인 전기요금의 절반 이상을 차지하고 있다'는 것이다. 즉, 호주 국내에서는 '만일 석탄연료가 공짜라고 해도 석탄화력발전은 태양광과 경쟁할 수 없는' 지역이 늘어나고 있는 것이다.

일본에서는 후쿠시마 제1원자력발전소 사고 이후 주택부문뿐만 아니라 비주택부문에서도 태양광발전의 보급이 급격히 증가하였다. 주요 요인은 사고 후 일본 정부가 태양광 촉진 정책을 대폭 도입했기 때문이다. 일본은 2013년 7,000MW 가까운 태양전지를 새롭게 설치하고 태양광발전 설비용량을 14,000MW로 배증시켰다. 이로 인해 일본은 2020년 태양광발전 보급에 관한 국가 목표의 절반을 충족했다. 일본의 주택회사 중에는 태양광하우스를 적극 추진하여 여타 경쟁사보다 높은 판매 경쟁력을 보유하게 된 곳도 있다. 예를 들어 대규모 주택건설회사인 이찌죠공무점은《2012년 판매된 주택의 태양광발전 설치율은 90%였다》고 발표했다.

또 다른 잠자는 거인 인도가 태양광발전의 잠재적 가능성에 눈뜨기 시작하고 있다. 2014년 초 시점에서 가동 중인 태양광 발전용량은 2,300MW로 그 대부분은 북서부의 맑은 날이 많은 사막지역인 구자라트 주와 라자스탄 주이다. 2010년에 「국가 태양광계획」에서 제시된 인도의 공식 목표는 2022년까지 발전용량 22,000MW의 태양광을 가동시키는 것이었다. 2014년 후반 에너지정책 담당 장관은 인도 정부의 2022년 태양광 목표를 무려 100,000MW로 상향 조정할 의지를 분명히 했다.

인도 정부는 2014년 12월과 2019년 12월까지 각 5,000MW 이상의 설비용량을 보유한「울트라메가」태양광파크 25곳의 개발 계획을 승인했다. 향후 각주 정부가 개발업자를 선정하고 프로젝트를 실행할 토지를 특정화한 후 연방정부의 신재생에너지성에 신청해서 프로젝트 인가를 받게 된다. 정부는 총 20,000MW에 달하는 대규모 태양광발전 설비를 보급하는 목표를 가지고 있다. 구자라트 주의 590MW의 차랑카 태양광파크(이 중 40% 가까이가 현재 가동 중)가 대표적인 모델이라 할 수 있다.

인도에서는 국내에서 채굴된 석탄 및 수입 석탄에 대한 과세가 최근 배증하였고 여기에서 얻어진 세수는 태양광발전을 위한 재원의 일부로 충당되고 있다. 이것은 석탄 사용을 억제함과 동시에 태양광발전에 대한 투자자본을 제공하는 소득전이로 볼 수 있다.

또 하나, 태양광발전에 대한 야심 찬 국가 목표를 내걸고 있는 곳이 사우디아라비아다. 사우디아라비아에서는 2032년까지 약 41,000MW의 태양광발전 계획을 수립하고 있다. 주요 내용은 태양광발전 16,000MW와 집광형 태양광발전(이 기술에 대해서는 본 장의 후반부에서 서술) 25,000MW이다. 만약 이들 발전소가 가동하게 되면 사우디아라비아 전력소비 최고점의 3분의 2를 공급할 수 있게 된다.

미국에는 태양광발전 보급에 대한 국가 목표는 설정되어 있지 않지만 이 태양전지 발상국에서도 늦게나마 큰 파도가 형성되고 있다. 미국의 태양광 발전용량은 2013년에 4,700MW라는 기록적 증가세를 보였고 합계 12,000MW에 도달했다. 65% 증가한 수준이다. 미국 리서치회사 GTM리서치사의 애널리스트는 2014년 미국 태양광 발전용량은 전년보다도 빠른 속도인 6,500MW의 증가를 기록했다고 밝혔다.

주 단위로는 캘리포니아 주가 오랜 기간 동안 태양광 에너지자원의 개발을 주도해 왔다. 여타 상위 주는 설비용량 순으로 보면 애리조나 주, 뉴저지 주, 노스캐롤라이나 주, 매사추세츠 주, 네바다 주 등이다. 이 리스트를 보면 한 가지 공통

된 점을 알 수 있다. 그것은 독일에도 해당되는 것이지만 '해당 장소의 일사량은 태양광발전의 개발에 영향을 미치는 한 요소에 불과하다'는 것이다. 정책도 중요한 역할을 수행하고 있다. 뉴저지 주와 매사추세츠 주는 서부지역 주들에 비해 특별히 맑은 하늘이 많거나 하는 것은 아니지만 태양광 패널 소유자에 대한 보조금 및 전력회사에 대한 재생가능전력 매입 의무화 정책을 통해 태양광발전을 장려해 왔다. 이것은 "따뜻한 태양의 땅"이라는 애칭을 가진 플로리다 주와는 대조적이다. 플로리다 주는 태양전지의 사용을 저해하는 정책을 취하고 있기 때문에 설비용량 상위 10위 내조차 포함되어 있지 않다.

미국 내 태양전지 설치 가격은 점점 저렴해지고 있다. 2012년부터 2013년에 걸쳐 미국 내 주택용 태양광 발전시스템 가격은 9% 하락하였다. 비주택용 시스템 가격은 16% 하락하였다. 2014년에 이후에도 가격은 하락하고 있다. 현재 태양광 발전시스템 설비의 총가격과 관련하여 패널 가격보다 인건비, 여타 기기 및 고객획득 비용 등의 사업의 또 다른 측면이 미치는 영향이 커지고 있다.

캘리포니아 주와 코네티컷 주에서 실시된 연구에 따르면 태양광발전 도입은 '전염'될 수 있기 때문에 신규 고객의 계약은 더 간단해지고 따라서 가격도 하락할 것이라고 한다. 공동연구자인 예일대학 케네스 교수는 《어떤 사람의 6km 떨어진 곳에 사는 사람이 태양광 패널을 설치한 경우에 비해 이웃이 설치한 경우가 그 사람도 설치할 가능성이 훨씬 더 높아진다는 것이 밝혀졌다》고 언급하고 있다.

2014년 후반에는 미국 내 설치된 개인용 태양광 발전시스템은 약 60만 건으로 이는 2012년의 약 2배 가까운 수준이다. 아마 이 숫자는 2016년에 100만 건을 돌파할 것이다.

미국에서는 '주택 소유자가 아닌 사람이 주택 지붕 위 설비를 소유하는' 사례가 급증하고 있다. 이러한 경우 설치자는 태양광 발전시스템을 설치 및 유지관리를 하고 고객인 주택 소유자는 발전된 전력에 대해 장기 고정 가격을 지불할지 아니면 시스템 자체를 임대하게 된다. 어느 경우도 고객은 높은 계약금을 지불하지 않아도 된다. GTM 리서치 사에 의하면 2013년 미국의 전체 지붕 설비의 3분의 2가 이러한 경우에 해당된다. 그러나 태양광 발전시스템 비용이 이전보다 크게 하락하여 합리적인 가격이 되었기 때문에 시장에서는 고객이 태양광 대출 프로그램을 이용하여 직접 소유하는 방식으로 회기하는 움직임이 가시화되고 있다.

태양광발전의 경제성이 급속히 향상되어 미국에서는 주택부문의 "태양광화"가 발생하고 있다. 미국에서 신축 단독주택의 옵션으로 태양광 패널 설치를 제안하는 주택제조업체는 2013년에 12%에 불과했다. 그러나 2016년에는 과반 이상으로 증가가 예상되고 있다. 집단주택의 경우 태양광시스템을 제공하는 건설회사는 2013년에 45%였지만 2016년에는 3분의 2를 차지하게 될 것이다.

미국의 5대 주택건설회사 중 4개 사는 현재, 타겟 시장에 따라서는 신축 주택에 태양광 패널을 기본옵션화하고 있다. 예를 들어 레나 사는 캘리포니아 주 분양지 100곳에 태양광 패널을 설치하였다. 머지않아 콜롬비아 주 등에서의 주택개발에서도 유사한 현상이 발생할 것이다. 이러한 주택을 한 채라도 구입한 사람은 모두 '에너지 비지니스에 관여'한 셈이 된다.

자택 옥상에서 태양광발전이 용이하지 않은 사람들, 예를 들어 임대 물건의 주인 및 분양맨션의 소유자, 지붕의 조건이 좋지 않은 주택 소유자 등은 최근 증가하고 있는 "커뮤니티 태양광"을 선택지로 활용할 수 있다. 태양전지를 공유하는 프로젝트에 참가자들이 출자하는 방식이다. 이러한 프로젝트의 소유자는 전력회사인 경우도 있으며 비영리단체, 혹은 커뮤니티 구성원 자신이 세운 새로운 벤처기업인 경우도 있다.

　　개인이 소유한 태양광 설비의 급증으로 경쟁 관계에 있는 전력시장에서의 '전력회사의 죽음의 악순환'이 예측되기 시작하였다. 어느 전력회사 관내에서 전력의 일부를 지붕형 태양광발전에서 얻는 고객이 증가함에 따라 그 전력회사는 고객에 판매하는 전력량이 줄기 때문에 손실을 입는다. 그리고 태양광발전이 증가한 만큼 보다 비용이 높은 종래형 송전망으로부터의 전력이 감소하기 때문에 전기요금의 저하로 이어진다. 이 문제는 태양광발전량이 많고 또한 전력 수요가 높아질 수 있는 낮 시간대에 특히 심각하다. 이제까지 전력회사는 피크 시간대에 고수익을 올리고 있었지만 그것이 침식당하고 있는 것이다.

이익이 줄어도 전력회사는 발전소를 운전하여 인프라를 유지시켜야 한다. 이로 인해 전력회사는 전기요금을 올리지 않으면 안 되게 된다. 이것은 태양광시스템 가격이 지속 하락하고 있는 상황을 감안할 때, 지붕형 태양광 설비 증가를 더욱 가속화시키게 된다. 종래형 비즈니스모델이 시대에 뒤쳐져 있고 많은 전력회사는 분산형 태양광발전의 보급을 스스로의 존속을 위협하는 존재로 보고 있다. 여기에서 중요한 것은 '싸울 것인가 그렇지 않으면 적응할 것인가'의 선택 문제이다.

독일에서는 지붕형 태양광의 눈부신 성장 등으로 대규모 전력회사가 궁지에 몰리는 상황이 실제로 벌어지고 있다. 또한, 이와 같은 전력회사가 새로운 에너지경제에서 생존하기 위해 자기 개혁을 추진하고 있으며 이로 인해 매력적인 상황이 전개되고 있다. 독일의 2대 전력회사인 E.ON 사와 RWE 사는 자사의 시장가치가 2009년에서 2013년 사이에 절반 이하가 되었다는 것을 알게 되었다. 태양광발전과 풍력(연료가 불필요하고 운전 비용이 낮은 또 다른 에너지원)의 광범위한 보급과 전력 수요의 저하로 수입이 격감하고 집중형발전소 운전이 외부 불경제를 초래하고 있다. 실제로 RWE 사의 전략책임자인

토마스 빌은 다음과 같이 말하고 있다.《현재의 시장가격하에서 종래형 발전소를 가동시켜 이익을 내는 것은 사실상 불가능하다. 본사 발전소의 20∼30%는 현재 운전 비용조차도 충당하고 있지 못한 상황이다.》

그 결과, E.ON 사와 RWE 사는 합계 19,000MW의 석탄·천연가스 발전소를 정지 혹은 폐쇄하는 방안을 추진하고 있다. 〈2022년까지 원자력발전소를 단계적으로 모두 정지 혹은 폐쇄한다〉는 국가 계획에 의거하여 양사는 현재 원자력발전소를 신속하게 폐쇄하도록 요구받고 있다. RWE 사는 2013년에 1949년 이후 처음으로 38억 달러의 적자로 전락하였고 E.ON 사는 2014년에 56억 달러의 적자를 기록했다.

지속가능하지 않은 상황에 직면한 이들 에너지 대기업은 대응책 마련에 고심하고 있다. RWE 사는 에너지서비스 사업을 강화하는 방침을 세우고 있다. 태양광을 비롯한 재생에너지원을 관리하고 송전망에 접속함과 동시에 주택소유자 및 기업에 대해 에너지효율화에 대한 컨설팅을 통해 스마트 온도조절장치 등의 에너지 절약 패키지를 판매하는 것이다.

2014년 후반 E.ON 사는《자사 사업부문에서 집중형 발전을 분리하고 신회사 설립 작업을 진행시키고 있다》고 발표했다. 2016년에 분리가 종료되면 E.ON 사는 재생에너지 및 효율화 등 축전지를 포함한 지붕형 태양광발전에 집중하게 된다. 이 축전기의 병설이 가능해지면 고객은 완전히 독립하는 것이 보다 용이하기 때문에 이 기술은 더욱 파괴력을 갖게 될 것이다.

말할 필요도 없지만 태양광발전의 성장이 자사의 비즈니스에 초래하는 영향을 우려하는 다수의 전력회사는 '투쟁'의 길을 선택했다. 그 때문에 미국의 전력회사가 취한 방식의 하나가 현재 43주에서 취해지고 있는 네트 메타링정책에 대한 공격이다. 네트 메타링정책이란 전력회사 고객의 지붕형 태양광발전량이 해당 세대 수요량을 초과하면 잉여전력은 송전망에 공급되어 고객은 이 잉여전력에 대해 지불받는다는 것이다.

2013년 후반 네트 메타링에 반대하는 최초의 대규모 회사가 애리조나 주의 전력회사였다. 애리조나 퍼블릭 서비스(APS) 사는 애리조나 주에서는 하루당 15건 이상의 속도로 태양광발전이 설치되고 있다고 말하고 지붕에 태양전지를 설치하고 있는 고객은 매월 최대 100달러의 추가 요금을 지불하는 방안을 제안했다. APS 사는 400만 달러 가까이 사용하여 이 제안을 지원하는 광고를 내보냈으나 규제당국은 그보다 훨씬 낮은 매달 평균 5달러의 추가 요금을 인정했다. 2014년 후반 기준으로 적어도 20개의 주에서 네트 메타링정책을 유명무실화 혹은 폐지하는 조치가 제안되었다. 이와 같은 제안에는 실제로 미국입법교류평의회(보수파 정치단체로 전력회사 및 화석연료산업의 대표자도 포함되어 있다)가 제기한 것도 있다.

태양광발전을 억누르려는 전력회사는 머지않아 그 노력이 부질없다는 것을 알게 될 것이다. 영국에 본사를 둔 금융서비스회사인 버클레이즈 사는 2014년에 미국의 전력부문 전체의 신용도를 하향 조정했다. 그 이유로 〈분산형 태양광발전과 축전지가 형성하고 있는 도전에 대해 미국의 전력회사의 대응은 전반적으로 충분하지 못하다〉고 분석하고 있다. 버클레이즈 사의 애널리스트는 이렇게 쓰고 있다. 〈태양광발전 보급을 정지시키기 위해 전력회사가 어떠한 장애물을 설치하려 해도 때는 이미 늦었다.〉

태양광발전 비용이 하락함으로써 불과 수년 전만해도 상상할 수 없었던 속도로 전력부문의 변화가 진행 중에 있다. 예를 들어 2014년 5월 텍사스 주 공영전력회사 오스틴 에너지 사는 태양광 개발업자 리칼렛 에너지 사와, 1kWh당 5센트에 조금 부족한 금액으로 150MW의 전력을 구입하는 계약(고정 가격으로 전력을 구입하는 장기 계약)을 체결했다. 따라서 이 태양광발전 설비(2016년 완료 시점에서는 텍사스 주 최대 전망)에 의한 전력은 지역 전력회사의 천연가스 발전 7센트, 석탄화력발전 10센트, 원자력발전 13센트의 발전 비용에 비해 크게 저렴해진다. 오스틴 에너지 사는 전원 구성에서 재생에너지의 비율을 2014년 중반의 23%에서 2025년에는 55%까지 증대시킨다는 계획이다.

미네소타 주를 기반으로 하는 풍력·태양광개발업자 제로니모 에너지 사 부사장 베씨 엥겔킹은 태양광발전 가격은 《누구나 예상했던 것보다 5년 빠른 속도로 하락》하고 있다고 한다. 〈태양광발전의 경제성이 급속히 개선되고 있는 것이 주목된다〉는 것은 소극적인 표현이다. 태양광발전소에 워런 버핏이나 테드 터너 같은 투자자가 수십 억 달러나 투자하고 있다.

예를 들어 버핏은 2013년 1월 태양광에너지에 거액의 자금을 투자했다. 버핏이 이끄는 미드 아메리칸 에너지 홀딩스 사가 캘리포니아 주「태양광 스타 프로젝트」사업에 최대 25억 달러의 투자를 발표한 것이다. 동 프로젝트는 2015년 6월에 준공되었으며 당시 세계 최대인 580MW급 태양광발전소였다. 미드 아메리칸 사는 이전에도 550MW 규모인 캘리포니아 주 토파즈 솔라팜을 인수한 적이 있다. 토파즈 솔라팜은 2014년 하반기에 완성되어 18만 세대가 사용할 수 있는 전기를 생산하고 있다. 또한 미드 아메리칸 사는 애리조나 주의 290MW급 아구아 칼리엔테 발전소 주식 49%도 취득했다.

토파즈와 아구아 칼리엔테도 종래의 실리콘 기반 태양광발전이 아니라 카드뮴 텔러라이드의 화합물로 만들어진 박막태양전지를 사용하고 있다. 세계 최대 박막 제조업자인 퍼스트솔라 사는 대부분을 말레이시아에서 제조하는 미국 기업이다.

테드 터너는 캘리포니아 주에서 노스캐롤라이나 주까지의 8개 주에서 사업을 벌이고 있는 전력회사 서전 파워와 협력하여 7곳의 태양광발전 총 300MW가까이를 매수하였다.

최대 발전소는 캘리포니아 주 임페리얼 지역에 있는 140MW의 태양광파크로 2013년 10월 운전이 개시되었다. 이 프로젝트에서도 퍼스트 솔라 사의 박막형 태양전지가 사용되었다.

태양광에너지를 전기로 전환하면서 압도적으로 많이 사용되는 방법은 "태양전지"이지만 이것과는 별도로 "집광형 태양열발전(CSP)"이라는 수법이 있다. 이것은 거울을 사용하여 태양광을 집광하여 종래와 같이 증기터빈과 엔진을 가동시키는 방법이다. 가장 많이 보급된 CSP 기술은 여러 줄로 나열한 곡면 거울을 사용하는 "파라볼릭트로프식"으로 액체로 가득 찬 튜브에 태양광의 초점을 맞춘다. 가열된 액체가 증기터빈을 돌려 발전하는 것이다. "타워식"으로 불리는 또 다른 종류의 CSP도 있다. 컴퓨터로 제어된 거울이 한 면에 나열되고 중앙 집열탑에 태양광 초점을 맞추어 증기터빈을 돌리는 방식이다.

전 세계 CSP 발전용량은 2014년 중반에 4,100MW에 달했다. 이 전원 비율의 대부분을 차지하고 있는 곳이 스페인과 미국이다. 스페인에는 소규모 CSP발전소가 수십 곳 있으며 총 설비용량은 2,300MW이다. 미국에는 CSP 발전소가 20여 곳 있으며 총 설비용량은 1,500MW이다. 그 대부분은 일사 강도가 높은 캘리포니아 주와 애리조나 주에 있다.

최근 주목받고 있는 CSP설비의 하나가 애리조나 주의 소라나 발전소로 280MW의 파라볼릭트로프식 발전소이다. 캘리포니아 주의 이반파발전소는 세계 최대 CSP로 발전용량 390MW의 타워식 시스템이다. 장점은 최대 6시간분의 열에너지를 용융염에 축적해 줄 수 있다는 것으로 일사 후에도 장시간 충전이 가능하다. 그리고 최근에는 아랍수장국연방 발전소 "샴즈1"(100MW), 인도의 라쟈스탄 주 발전소(50MW), 중국 청해성에서 현재 건설 중의 50MW 발전소의 제1단계(10MW) 등의 발전소가 전 세계 CSP발전소 리스트에 새롭게 추가되었다.

지구상에서 가장 건조한 지역으로 알려진 칠레의 아타카마사막에서는 2014년 중반 스페인의 아벤고아사가 110MW의 CSP 발전소 건설을 시작하였다. 타워식으로 무려 18시간분의 열에너지를 용융염에 축전시킬 수 있다. 만약 성공적으로 가동된다면 이 발전소는 24시간 발전이 가능하게 된다.

엄청난 규모의 에너지저장 전망에도 불구하고 전 세계에서 중요한 에너지원이 될 것이라는 CSP에 대한 기대가 최근에는 다소 약해지고 있다. 태양전지 비용이 그것보다도 빠른 속도로 급락했기 때문이다. 그 결과, 미국에서 기대되었던 몇 개의 CSP프로젝트가 취소되거나 태양전지로 대체되었다. 그러나 CSP 비용은 지금도 하락하고 있으며 2010년부터 2013년 사이에 3분의 2가 되었고 1kWh당 13센트가 되었다. 미국 에너지성의 선샷이니셔티브가 설정한 목표는 《2020년까지 CSP가 완벽한 가격 경쟁력을 보유하여 1kWh당 6센트가 되도록 지원하겠다》는 것이었다. 그때까지 세계의 CSP 설비용량은 11,000MW에 달할 것이라고 예측되지만 1kWh당 6센트라는 목표가 달성되면 예측치를 훨씬 상회할 가능성이 있다.

세계 대다수의 사람들이 대규모 전원에서 발전되어 송전망으로 보내지는 전기에 의존하여 살고 있다. 지금도 송전망에 접속되어 있지 않은 지역에서 생활하고 있는 사람도 전 세계에 13억 명이나 있다. 지금은 집중형 발전소를 1곳 건설하고 송전 인프라를 정비하는 것보다 1채 1채 지붕에 태양광 패널을 설치하는 편이 비용이 저렴하고 효율도 좋은 경우가 많다. 인도와 방글라데시에는 어떻게 개발도상국 농촌 주민이

송전망의 정비가 아닌 방법으로 전기를 사용할 수 있는지를
보여주는 훌륭한 사례가 다수 있다.

인도 농촌에 거주하는 수백만의 사람들은 주택조명용으
로 등유램프를 사용하고 있다 이것은 심힌 오염원이 될 뿐이
며 별로 밝지도 않고 비용도 많이 든다. 그 해결책이 되는 것
이 태양광발전이다. 워싱턴 D.C.에 거점을 두고 있는 태양광
발전 라이트펀드의 독립자회사 SELCO 솔라사는 1995년 창
립 이후 인도 농촌지역에서 약 20만 건의 태양광주택 조명 시
스템을 설치하였다. SELCO 사에 의하면 등유램프 2개를 전
구형 형광등램프(CFL) 혹은 발광다이오드(LED)로 교체하고
휴대전화 충전도 가능한 표준시스템 가격이 약 200달러이다.
이 금액에는 설치비로 1년간 보수 비용이 포함되어 있다. 각
가정은 등유와 휴대전화 충전에 1년간 60달러 정도 지불하고
있다는 점을 감안하면 새로운 태양광주택 시스템은 3년 정도
로 원금을 회수할 수 있다. SELCO 사는 농촌의 지방은행과
연계하여 고객에 무리가 없는 대출 프로그램을 마련하고 매
월 변제액이 이전 조명과 충전을 위한 지불액을 하회하도록
했다. 인도의 공식 목표는《2천만 건의 태양광조명 시스템 보
급으로 등유램프를 대체한다》는 것이고 인원 수로는 1억 명

에 달할 것으로 예상되고 있다.

등유램프의 태양전지로의 대체는 기후변화와의 싸움에 있어서 매우 유용하다. 전 세계에서 사용되고 있는 15억 개의 등유램프는 전 주택조명의 1% 이하이지만 조명부분 CO_2 배출량의 29%를 차지하고 있다. 매일 130만 배럴 상당의 석유가 등유램프로 연소되고 있고 이것은 쿠웨이트 원유 1일 생산량의 절반에 해당한다. 석유 가격 상승과 태양전지 가격 하락으로 대체하려는 결정이 점점 용이해지고 있다.

유사하게 고비용의 디젤발전에 비해서도 지붕형 태양광 설비 발전이 경제적인 면에서도 기후적인 면에서도 이점이 있다고 할 수 있다. 태양광 컨설팅회사 브릿지투인디아 사에 의하면 인도 내 태양광발전 비용은 디젤발전의 3분의 1에서 2분의 1정도라고 한다. 주택조명이든 급수펌프든 태양광발전이 압도적으로 유리하다.

방글라데시에서도 송전망으로부터의 전기를 한 번도 이용한 적이 없는 수백만 명의 사람들에게 태양광발전 기술이 혜택을 가져다 주고 있다. 2002년부터 세계은행이 주도하고 있는 조치 덕택으로 태양광주택 시스템이 300만 건 설치되었다. 2014년 단계에서 매월 7만 건 이상의 태양광주택시스템이 설치되었다. 세계은행 방글라데시 사무소 대표인 크리스틴 E 카임즈는《이것은 잘 짜인 성공 모델이다. 농촌지역에서의 전력에 대한 투자는 남성에게도 여성에게도 도움 줄 수가 있고 수입과 성장의 기회를 늘릴 수 있을 뿐만 아니라 빈곤의 축소에도 연결된다》고 말하고 있다.

부락 사람들이 태양광 발전시스템을 구입할 때, 그 사람은 신뢰성이 있는 장기적 전력 공급을 구입하고 있는 것이다. 연료비는 불필요하고 최소한의 보수만 필요하며 초기 비용의 자금만 조달하면 된다.

가정에서 소규모로 태양광을 이용하여 에너지 수요를 충족하는 또 다른 방법은 지붕형 태양열 온수기로 온수를 얻는 것이다. 중국에서는 약 260km²의 지붕형 태양열 온수기가 설치되어 있고 이는 1억 7천만 세대에 급탕할 수 있는 규모이다. 이 저비용 기술은 전기선이 들어오지 못한 지역의 마을에 전력계통의 정비라는 단계를 건너뛰고 침투하였다. 촌락 사람들은 약 300달러로 지붕형 태양열 집열기를 설치하고 태어나서 처음으로 온수 샤워를 경험하게 되는 것이다.

에너지 비용이 높은 EU에서도 지붕형 태양열 온수기 인기는 상당히 높다. 오스트리아에서는 전 세대의 15%가 이 방법을 통해 급탕하고 있다. 실제로 오스트리아 마을 중에는 거의 전 세대에 지붕형 태양열 집열기가 설치되어 있는 곳도 있다. 독일에서도 꾸준히 늘어나고 있다. 독일에서는 현재 200만 세대가 지붕형 태양열 시스템을 이용하여 온수를 이용하고 있다. 오스트리아와 독일의 지붕형 태양열 시스템 중 약 40%는 급탕과 온방의 양쪽이 가능한 복합시스템이다.

브라질은 태양열 온수기의 이용 측면에서 중남미 최고 수준이다. 그 이유 중 하나는 최빈곤층의 신축 주택에 태양열 온수기를 의무화하는 프로그램이 실시되고 있기 때문이다. 미국에서도 하와이 주가 2010년부터 '모든 신축'의 단독 주택은 건설 시에 태양열 온수기를 설치해야 한다고 의무화하고 있다.

지중해 동부 연안에서도 태양열 온수기 보급이 정착된 곳이 있다. 섬 국가인 키프로스공화국은 세계 최고수주의 '지붕형 태양열 집열기의 1인당 설치면적'을 자랑하고 있다. 이스라엘에서는 약 85%의 가정이 지붕형 태양열 온수기를 이용하고 있다.

주택, 학교, 기업 및 정부 시설의 지붕에서 경기장, 주차상, 쓰레기 매립장, 사막에 이르기까지 태양광 에너지혁명이 전개되고 있다. 특히 태양전지의 경쟁력이 급증하고 있는 것은 태양광 에너지에는 많은 연구자들이 예상하고 있는 것보다 훨씬 유망한 미래가 있다는 것을 보여주고 있다. 대부분의 사람들에게 그것은 보다 저렴한 전력의 도래를 의미한다. 한편 세계의 저소득층의 많은 사람들에게는 태어나서 처음으로 자택에서 전기를 사용할 수 있게 된다는 것을 의미한다.

제6장

풍력의 시대

화석연료로부터 태양과 풍력으로의 글로벌에너지 전환 과정에서, 풍력에너지는 초기 시장을 이끌고 있다. 풍력은 풍부하고, 탄소를 배출하지 않으며, 고갈되지 않는다. 물과 연료가 필요하지 않으며, 작은 규모의 장소를 필요로 한다. 또한 발전용량을 쉽게 키울 수 있고, 송배전망에 빠르게 접속할 수 있다. 풍력이 현재와 같이 빠른 속도로 확대되는 것은 당연한 일이다.

많은 매력적인 요인과 함께 보급확산 정책과 발전 단가 하락으로 지난 십여 년 동안 글로벌 풍력발전 설비용량은 연 20% 이상 성장해 왔다. 2014년 초 글로벌 풍력발전 설비는 총 318,000MW에 이르는데, 이는 미국의 8천만 가구에 전력을 공급할 수 있는 규모이다. 풍력은 미국의 2천만 가구에 전력을 공급할 수 있는 태양광 발전 설비 규모를 멀찌감치 앞서고 있다.

풍력발전이 두각을 나타내고 있는 국가는 중국과 미국이다. 2014년 초 중국은 91,000MW, 미국은 61,000MW의 풍력발전을 보유하고 있다. 다음으로는 독일 34,000MW, 스페인과 인도가 각각 20,000MW 규모를 보이고 있다. 영국, 이탈리아, 프랑스, 캐나다는 8,000~10,000MW의 풍력발전을 설치했다.

몇몇 국가에서 풍력발전의 가파른 성장은 새로운 에너지경제를 보여주고 있다. 덴마크는 2013년 발전량의 34%를 풍력이 차지하고 있다. 포르투갈은 25%, 스페인과 아일랜드는 각각 15%를 풍력발전이 맡고 있다. 2013년 스페인의 풍력발전은 석탄발전을 넘어서 원자력발전과 근소한 차이로 두 번째로 많은 발전량을 기록했다.

독일 북부의 4개 주는 풍력의 시대로 접어 들었다. 메클렌부르크포어포메른 주는 발전량의 65%를 풍력으로 생산하고 있다. 홀스테인 주는 53%, 작센 주와 브란덴부르크 주는 각각 51%를 풍력발전에 의존한다. 이들 4개 주는 새로운 에너지경제로의 전환이 반환점을 돌아선 형국이라고 할 수 있다.

2013년은 유럽 풍력발전에 있어 의미있는 한 해였다. 2013

년 11월 영국에서는 대규모 풍력발전이 들어섰는데, 이는 7,900MW 규모의 고비용 가스발전소를 정지시켰고, 결국 천연가스 소비량을 대폭 줄였다. 영국에서 풍력발전은 크리스마스 기간 동안 필요로 하는 발전량의 13%를 충당할 수 있다. 영국에서는 풍력단지가 연간 8%의 발전량을 차지하고 있다.

2013년 12월 아일랜드에서는 발전량의 28%를 풍력이 제공했다. 아일랜드에서 풍력발전은 한때 발전량의 절반을 공급하기도 했다. 덴마크의 경우 풍력 복권에 비유할 만하다. 2013년 12월에 풍력발전은 55%를 차지했으며, 2014년 1월에는 사상 최초로 60%를 넘어섰다. 뉴욕 주의 3분의 1 크기에 600만 명의 인구가 사는 덴마크에서는 1970년대 초 오일쇼크 시절부터 풍력발전을 장려했다. 당시 에너지의 90% 이상을 석유에 의존하던 덴마크는 이러한 상황이 비현실적임을 인식하고, 석탄과 원자력으로의 전환을 모색하게 된다. 이후 원자력 반대 정서 확대로 초기 에너지전환 계획은 포기되었다. 덴마크 정부는 전기요금 체계를 개편하여 재생에너지 R&D 자금을 마련하였고, 이를 풍력발전에 지원하였다. 세계적인 풍력발전기업인 덴마크의 베스타스는 1979년 첫 번째 풍력 터빈을 설치하였고, 여전히 글로벌 리딩기업으로서의 위상을 유지하고 있다.

석유시장의 불확실성과 맞물려 1980년대 초 캘리포니아가 주문한 풍력터빈은 덴마크 풍력산업이 성장하는데 중요한 역할을 하였다. 지난 40여 년간 재생에너지와 에너지 효율을 중시하는 덴마크의 정책은 2012년 수립한 2020년까지 발전량의 50%를 풍력으로 공급하겠다는 목표를 달성할 수 있게 할 것이다. 덴마크의 국영 송배전망 기업인 에너지넷은 2014년 발전량 중 풍력이 39%에 달한다고 보고했다.

주요국들은 몇 가지 이유로 풍력발전을 중요한 에너지원 중 하나로 선택하고 있다. 풍력발전의 장점 중 하나는 차지하는 공간이 크지 않다는 점이다. 비록 풍력발전단지는 수 km에 이르지만, 풍력터빈은 일부만 차지한다. 도로와 여러 시설물이 필요하지만 풍력발전단지는 프로젝트상 차지하는 공간의 1%에 지나지 않는다. 단위 면적당 풍력발전량은 기대치 이상이다. 예를 들어 아이오와 주 북부의 농부가 연간 1천 달러의 바이오에탄올을 만들 수 있는 토지를 소유하고 있다면, 이는 연간 30만 달러의 풍력 발전량을 얻을 수 있는 규모에 해당한다. 농부들은 풍력터빈당 연간 3천~1만 달러의 로열티를 받고 있다. 아이오와 주 풍력에너지협회는 토지 소유주들이 풍력터빈을 유치함으로써 연간 전체적으로 1천 2백만 달러 이상을 벌어들이는 것으로 추정하고 있다.

인구밀집지역의 경우 풍력발전에 대해 이른바 NIMBY(not in my backyard) 현상이 종종 발생하고 있다. 하지만 광활한 국토를 가진 미국에서 풍력은 경제적인 이유로 인기를 얻고 있다. 중서부 대평원(The great plains)의 목장주나 뉴욕의 농부들에게 풍력은 NIMBY가 아닌 PIMBY(put in my backyard)로 받아들여지고 있다. 농촌 사람들은 학자금이나 도로 건설에 사용되는 추가적인 세수 확보 문제로 풍력발전 투자자와 맞서고 있다.

풍력터빈이 차지하는 공간이 넓지 않기 때문에 농부들은 옥수수나 밀, 또는 가축을 기르는 동시에 전력을 생산하고 있다. 미국 대평원을 가로지르는 농부들은 가축을 통한 수입보다 풍력발전 설치료를 통해 더 많은 수입을 얻고 있기도 하다.

토지 활용 측면의 효율성뿐만 아니라 바람 자체가 또한 풍부하다는 장점을 갖고 있다. 미국에서 풍량이 우수한 3개 주 ─노스다코타, 캔자스, 텍사스─ 는 국가 차원의 전력을 충당할 만한 풍부한 풍량 입지조건을 갖고 있다. 전미(全美) 과학 아카데미(National Academy of Sciences)의 2009년 공식 기록에 의하면 전 세계 육상 풍력 잠재력은 연간 글로벌 전력 수요의 40배를 공급할 수 있다. 바람은 또한 고갈되지 않는다. 화석연료와 비교하여 현재 사용되고 있는 풍력에너지의 양은 미래 시점에서 사용 가능한 양과 연관성이 없다.

풍부한 바람은 대중적인 인기로 이어지고 있다. 예로서 2014년 캔자스에서 풍력에너지 사용에 대한 조사 결과 76%가 찬성하는 것으로 나타났다. 2013년 글로벌시장 조사 기관인 내비건트 리서치에 따르면 72%의 미국인이 풍력에너지에 찬성하는 것으로 나타났다. 2011년 조사에서 유럽의 경우 89%의 응답자가 풍력에너지에 찬성하기도 하였다.

화력이나 원자력발전과 달리 풍력발전은 냉각수를 필요로 하지 않는다. 풍력이 화력과 원자력발전을 대체함에 따라, 관개를 위한 수자원, 주거환경 확보 니즈 및 환경적인 목적에서 보다 자유로워질 것이다. 풍력발전은 더 이상 대기오염 물질을 배출하지 않기 때문에 기관지염과 폐암 발생을 줄일 수 있다. 석탄발전과 비교하여 풍력발전은 수질오염을 유발하지도 않는다.

풍력의 최대 장점 중 하나는 발전 단가가 낮아지고 있다는 점이다. 별도의 연료비가 들지 않기 때문에 풍력발전단지가 조성되면 이후 추가적으로 소요되는 비용은 유지보수비뿐이다. 이러한 이유로 풍력단지 사업개발자는 발전 유틸리티사와 장기 전력공급계약(PPA)을 맺고, 낮은 고정금리로 사업을 할 수 있다.

예컨대 미국 중서부 지역에서 풍력단지 사업개발자는 1kWh당 2.5센트로 계약하고 있다. 일반적인 사업자는 평균 10~12센트로 계약하고 있다. 이러한 금액 차이는 풍력단지에 대한 연방정부 세제 혜택이 반영된 것이다. 모건 스탠리 사의 스테판 버드는《세제 혜택이 없더라도 가스발전보다 경쟁력 있는 풍력발전사업이 있다》고 강조하였다. 그는 더욱이 중서부 지역에서는 변동비가 없기 때문에 첫 번째로 가동되는 효율적인 풍력발전과 석탄 및 원자력발전 간 경쟁 관계가 심화되고 있다고 언급했다. 미국에서 풍력발전의 전력공급계약 평균 금액이 낮아짐에 따라 가스, 석탄 및 원자력발전은 이와 보조를 맞추기 위해 어려운 시기를 보내고 있다.

풍력발전은 건설 공기에 있어서도 전통에너지와 비교하여 장점을 갖고 있다. 원자력발전 건설에는 10년 이상 소요되지만 보통의 풍력발전단지 조성에는 1년 미만이 소요된다. 풍력의 단점 중 하나는 변동성이 심하다는 것이다. 하지만 풍력발전이 확산됨에 따라 이러한 불확실성은 낮아지고 있다. 두 개의 풍력발전단지가 동일한 바람의 분포(wind profile)를 갖고 있지 않기 때문에, 각각의 단지는 변동성을 감소시켜 송배전망에 접속된다. 스탠포드대학의 한 연구팀은《만약 미국 전역에 수천 개의 풍력발전단지가 분산되어 국가 송배전망에 연결된다면 풍력은 안정적인 발전원이 될 것》이라고 지적했다.

풍력발전을 반대하는 이유 중 하나는 새들이 풍력터빈에서 회전하는 블레이드에 부딪혀 죽는다는 것이다. 풍력단지에서 새들의 죽음은 확실히 관심사였고, 초기 모델보다 블레이드가 천천히 회전하는 풍력터빈 디자인으로 개선되어 왔다. 또한 새들의 이동 경로를 피해 풍력단지가 입지하는 것이 점차 일반화되어 가고 있다. 석탄이나 원자력발전 플랜트와 같이 과거 에너지경제의 발전 우선순위와 비교하여 풍력은 발전량당 훨씬 적은 새들의 죽음을 유발하고 있다. 보다 넓은

범위에서 풍력단지 내 새들의 죽음은 빌딩, 송전선, 자동차와의 충돌 또는 반려 고양이에 의한 것보다 작은 부분을 차지하고 있다.

현대 풍력산업은 1980년대 형성되었으며, 미국과 덴마크가 전 세계 풍력발전 설비시장을 주도하였다. 1990년대에는 인도, 독일, 스페인, 영국, 이탈리아, 프랑스가 풍력시장에 뛰어들었다. 1997년까지 독일은 미국과 주도권 다툼을 벌이기도 했다. 10년이 지난 후 미국은 주도권을 되찾으려 했지만, 중국의 등장으로 단지 수년이라는 짧은 기간 동안만 허용되었다. 중국에서는 2005년 재생에너지 개발을 확대하기 위한 법안이 통과되었고, 이는 가파른 풍력발전 성장의 기반이 되었다. 2006년부터 2009년까지 매년 중국의 풍력발전 설비용량은 두 배씩 증가하였고, 2010년 미국을 넘어 세계 1위의 국가가 되었다.

2013년 중국에서 풍력발전은 원자력발전보다 많은 전력을 생산하였다. 2014년 두 발전원 간 차이는 더욱 커졌으며, 풍력발전은 현재 중국에서 석탄과 수력발전에 이어 세 번째로 많은 전력을 생산하고 있다. 전미 과학아카데미에 참여한

하버드대학 연구진에 따르면 중국은 풍력발전량을 10배 확대시킬 수 있는 충분한 입지여건을 보유하고 있다.

2008년 중국 국가에너지국은 각각 10,000MW이상의 풍력발전 설비가 입지할 수 있는 바람자원이 풍부한 북쪽의 몇 개 지역을 선정하였다. 이 전례없는 규모의 풍력발전단지 계획을 모두 합할 경우 2020년 100,000MW에 이를 전망이다.

중국 정부는 외곽지역에서의 송배전망 접속이 미흡하고, 건설공기에 급급한 나머지 프로젝트의 질을 염려하여 풍력발전 보급 계획을 축소하였다. 하지만 계획을 축소했음에도 매우 인상적인 규모라 할 수 있다. 간쑤성 주취안의 3,800MW 풍력발전 프로젝트가 완료되었고, 3,000MW의 추가 건설이 진행 중이다. 허베이성에서는 1,400MW의 풍력발전이 가동 중이고, 거의 두 배 수준의 풍력단지가 개발되고 있다. 간쑤성, 허베이, 내몽골 및 신장성에서 완료되거나 건설 단계에 있는 풍력 발전용량은 19,000MW에 이른다. 계획치까지 합할 경우 중국의 2020년 공식적인 풍력발전 목표인 200,000MW에 조금 못 미치는 수준에 이를 것이다. 이는 브라질의 연간 전력 수요를 충당할 수 있는 규모이다.

비록 중국이 풍력발전 설비를 가장 많이 보유한 국가이지만, 미국은 중국을 포함한 다른 국가들보다 풍력발전량이 가장 많은 국가이다. 이러한 가장 큰 이유는 중국의 풍력발전단지 건설은 송배전망에 접속할 수 있는 용량을 넘어서, 외곽 지역의 많은 터빈이 가동되지 않은 상태로 놓여져 있다. 더욱이 중국은 풍력발전 프로젝트에 직접 세제 혜택을 주고 있다. 이와 반면 미국에서는 실제 발전량에 대해 지원하고 있다.

미국풍력에너지협회에 따르면 2014년 초 미 전역에는 39개 주에 유틸리티 규모의 풍력발전단지 905개가 세워져 있다. 풍력발전은 2013년 전체 발전량의 4%를 차지했으며, 이는 미국 내 1,500만 가구에 전력을 공급할 수 있는 양이다. 텍사스, 캘리포니아, 아이오와, 일리노이 및 오리건은 가장 풍력발전 설비가 많은 지역이다. 오랜 기간 미국 내에서 원유 생산이 가장 많은 텍사스는 풍력발전도 가장 많은 지역인데, 2014년 12,400MW의 설비를 보유하고 있다. 풍력발전 개발의 선두에 있는 캘리포니아는 5,800MW의 풍력설비가 입지해 있다. 만약 텍사스와 캘리포니아가 국가라고 가정한다면, 그들은 상위 10개국에 포함되는 규모이다.

댈러스에 위치한 트라이글로벌에너지 사는 텍사스에서 64만 acre를 임대하고 16개의 풍력단지를 조성할 계획이다. 이 풍력단지는 향후 10년 동안 총 6,600MW 규모로 계획 중인데, 이는 미국 190만 가구에 전력을 공급할 수 있는 규모이다. 2014년 4월까지 텍사스 내 대부분의 송배전망을 관할하는 전기위원회(ERCOT, Electric Reliability Council of Texas)는 기업들로부터 27,000MW 규모의 풍력발전 연계를 요구받았다.

미국 내 9개 주는 풍력이 적어도 12% 이상의 발전 비중을 차지하고 있다. 아이오와 주와 사우스다코타 주의 발전원 중 풍력발전 비중은 26% 이상이다. 만일 아이오와 주가 발전량의 절반 이상을 풍력으로 충당할 수 있다면 최대 에너지원이 석탄에서 풍력으로 전환한 첫 번째 주가 될 것이다. 아이오와 주 풍력 업계는 적합한 정책 조건하에 이러한 전환이 2018년경 가능할 것으로 전망하고 있다.

워런 버핏의 미드 아메리칸 에너지 사가 2013년 12월 아이오와 주에서 사용할 19억 달러 규모의 풍력터빈 공급을 지멘스에게 요구했을 때, 아이오와 주는 또 하나의 풍력 이정표를 세웠다.

한편 북미 원주민은 자신들의 보호구역 내에서 풍력발전을 개발할 계획이다. 2013년 6월 비영리재단인 클린턴 글로벌 이니셔티브 아메리카는 여섯 개의 수족(Sioux)과 함께 미국 내 가장 큰 규모의 풍력단지 개발 계획을 제시하였다. 두 개 이상의 원주민 종족이 동참하였고, 1,000~2,000MW의 오세티사 코윈 발전 프로젝트가 사우스다코타 주 내 여덟 개의 원주민 보호구역으로 확대될 계획이다. 외부 전력 구매자와의 장기 공급계약하에 전력 판매를 통한 수입은 원주민 사회의 경제 성장을 위해 활용된다. 캐롤린 헤론 프로젝트 매니저는 수많은 부족들이 풍력과 함께 태양광 및 지열 자원을 개발할 계획이라고 강조했다.

오클라호마 주의 다섯 원주민족은 153MW의 풍력발전단지 건설을 위해 협력하였다. 이 단지는 체로키 부족 지역이 절반을 차지하고, 나머지는 코, 오토에-미주리, 포니 및 폰카 부족 지역으로 구성된다. 체로키의 빌 존 베이커 족장은《자신들이 오클라호마의 풍력산업 성장에 중요한 역할을 할 것》이라고 말했다.

또한 풍력으로 전환 중인 국가는 곧 세계에서 인구가 가장 많은 나라로 등장할 인도이다. 풍력 발전용량은 20,000MW에 달하는데, 이는 세계에서 다섯 번째로 많은 규모이다. 인도 정부는 풍력과 태양광 발전을 확대하기 위해 송배전망 업그레이드에 약 80억 달러를 투자할 계획이다. 이러한 노력은 특히 인도에서 아직 전기를 활용하지 못하고 있는 3억 명을 대상으로 하고 있다. 모디 정부는 2022년 풍력발전 설비 규모를 60,000MW까지 확대하는 공식적인 목표를 수립했다.

중남미의 풍력발전 개발은 2억 명의 인구를 가진 브라질이 선도하고 있다. 2014년 초 브라질에는 800만 가구에 전력을 공급할 수 있는 3,500MW 규모의 풍력발전이 설치되어 있다. 브라질은 2022년까지 이러한 수치의 다섯 배에 달하는 17,000MW의 풍력발전을 설치할 계획이다. 풍부한 바람 자원 덕분에 이미 몇몇 풍력발전프로젝트는 석탄이나 가스발전보다 낮은 가격으로 입찰계약을 맺고 있어, 브라질은 이러한 목표를 달성할 수 있을 것이다.

긴 해안선과 평행하게 길쭉한 산등성이를 가진 칠레도 풍부한 풍력 자원을 활용하기 시작했다. 산티아고 북쪽 250mile에 위치한 엘아라얀(El Arrayan) 풍력단지는 115MW의 규모로 조성되어, 2014년부터 가동되었다. 칠레는 높은 전기요금과 전력 생산을 위한 연료 수입 의존도를 낮추기 위해 신재생에 너지를 활용하기 시작했다. 블룸버그 뉴에너지 파이낸스의 금융분석가 에단 진들러는 최근 인터뷰에서《클린에너지는 수많은 신흥시장의 저비용 옵션 중 하나이다. 그 기술은 비용 경쟁력을 갖고 있는데, 미래 시점이 아니라 지금 시점이다》 라고 언급했다.

출발이 늦었지만, 풍력발전은 이제 동유럽 지역에서 급 속하게 확장되고 있다. 석탄 의존도가 높은 폴란드는 현재 3,400MW의 풍력발전을 갖고 있으며, 빠르게 성장하고 있다. 뒤이어 루마니아의 풍력 발전용량은 2,600MW에 이른다.

유럽과 아시아의 가교, 터키는 바람이 풍부한 해안선과 풍속이 강한 아나톨리아 고원을 가지고 있어 풍력에 대한 전 망이 밝다. 2014년 초 3,000MW의 풍력발전을 보유하고 있지 만, 향후 10년 내 현재 전력 수요의 4분의 1을 충당할 수 있는 20,000MW까지 풍력발전을 확대할 계획이다.

풍력자원의 대부분은 주로 육상에 한정되어 있지만, 바람이 강한 해상으로까지 확대되고 있다. 덴마크는 세계 최초의 해상풍력발전 설비를 발트해에 5MW 규모로 건설했다. 2014년 덴마크의 해상풍력은 1,300MW에 이르고 있다.

덴마크가 해상풍력 분야의 글로벌 선두 주자였지만, 2007년에는 영국이 이러한 지위를 이어받았다. 2014년 1월 영국의 해상풍력발전은 전 세계의 절반 이상 규모였고, 200만 가구 이상에게 전력을 공급할 수 있는 3,700MW에 달했다. 런던의 어레이 해상풍력단지는 630MW로 세계 최대 규모를 자랑한다. 다른 유럽 국가들 또한 해상풍력 자원을 개발하기 시작하여 벨기에 570MW, 독일 520MW의 단지가 개발되었다. 독일의 경우 2020년까지 6,500MW의 해상풍력단지를 설치할 계획이다.

2014년 5월 유럽 기업들과 캐나다의 노스랜드 발전사는 컨소시엄 구성을 통해 네덜란드의 해안으로부터 50mile 떨어져 있는 지역에 600MW의 해상풍력단지 개발 계획을 발표하였다. 이 프로젝트는 네덜란드가 2020년까지 재생에너지로부터 약 14%를 얻기 위한 계획 중 하나이다.

유럽에 이어 중국은 2014년 초 430MW 규모의 해상풍력발전단지를 개발했다. 중국은 2016년까지 10,500MW를 개발하겠다는 야심 찬 목표를 갖고 있다. 중국 외에 한국, 일본, 베트남이 아시아에서 해상풍력발전을 기획하고 있다.

얕은 연안을 가진 국가들은 대규모 해상풍력 자원을 개발할 수 있는 장점이 있다. 예를 들면 북해, 발트해, 멕시코 만뿐만 아니라 미국 동부 해안 주변이 이에 해당한다.

미국 에너지부(DOE)는 동부 연안의 얕은 해변이 자국 전력 수요의 40%를 충족하기에 충분한 풍력발전, 약 530,000MW의 잠재력을 보유하고 있는 것으로 추정하고 있다. 동부 해안뿐만 아니라 5대호, 멕시코 만, 태평양 연안의 풍력 잠재력까지 합할 경우 해상풍력이 미국 전역의 전력 수요를 충족할 것으로 보고 있다.

2014년 6월, 매사추세츠 주의 연안인 74만 acre 이상을 해상풍력 개발지역으로 지정하고, 이를 4개의 임대 지역으로서 경매에 붙일 것이라고 미국 내무부장관 샐리 쥬얼과 매사추세츠 주지사 디벌 패트릭은 발표했다. 해당 지역이 석탄 또는 원유의 매장 지역이 아니라는 점에 주목하면서, 패트릭 주지사는 해상풍력을 매사추세츠 주를 위한 성장의 기회로 보고 있다.《우리는 화석에너지 파이프 라인의 끝에 앉아 있으며, 화석연료 롤러코스터의 인질처럼 느껴집니다. 바람, 해상풍력은 우리 매사추세츠 주 자신이 에너지를 만들 수 있는 기회를 상징합니다.》

이 발표에 이어 델라웨어, 로드 아일랜드, 버지니아 등 다섯 지역으로 상업 풍력발전 임대지역이 확대되었다. 그 후 2014년 8월 내무부는 거의 총 8만 acre에 해당하는, 메릴랜드에서 두 개 이상의 임대지역을 선정했다.

인구밀집지역에 해상풍력발전단지에서 얻은 전기를 변전소를 거쳐 케이블로 전달하는 것은 상당히 도전적인 과제이다. 지금까지 세계 최대 규모의 해상풍력발전단지는 해저 고전압 교류전력(HVAC) 케이블을 통해 육상 그리드에 연결되어 있다. 이러한 방식을 통해 영국의 630MW 런던 어레이 풍력단지, 덴마크의 400MW 안홀트 풍력단지에서 전기를 보냈다. 이 중 어느 풍력단지도 연안으로부터 20mile을 벗어난 프로젝트는 없다.

북해 및 발트해의 해상풍력단지 개발자는 이제 더 강하고 안정적인 풍력자원을 찾고 있다. 해안으로부터의 거리가 증가함에 따라, 초고압 교류송전(HVAC) 케이블에서의 송전 손실을 막기 위해 특정 지점에서 보다 효율적 고전압 직류송전(HVDC) 케이블이 필요하다는 것을 의미한다. 내비건트 리서치 사는 2020년경 고전압 직류송전 케이블을 통해 해상풍력 발전단지에서 30,000MW이상을 송전할 수 있을 것으로 보고 있다.

북해에서 독일까지 송전시스템을 담당하는 테네티 사는 풍력발전 클러스터에 의해 생성된 전기를 받을 아홉 개의 기지를 개발하여, 고전압 직류송전을 통해 독일의 그리드로 공급하는 계약을 맺었다.

2014년 중반 지멘스는 이러한 허브를 네 개 구축했고, 다섯 번째 허브를 수주했다. 이를 합할 경우 총 3,800MW의 해상풍력단지 규모에 해당한다. 스위스 기반 전력기자재기업인 ABB 사는 추가로 2,100MW를 맡을 수 있는 네 개 중 세 개를 짓기로 계약했다. 2012년부터 400MW 규모의 바드 풍력단지로부터 전력을 공급하고 있으며, 이러한 기지 중 한 곳은 약

80mile 떨어진 지역에 송전을 하고 있다.

독일은 2050년까지 전력의 80% 및 총에너지의 60%를 재생에너지를 통해 공급하는 이른바, 에너지전환(Energiewende)을 위해 해상풍력발전단지에 주목하고 있다. 테네티 사는 독일의 다른 송전시스템 기업과 함께 바람이 풍부한 북부 지역에서 제조업이 위치하고, 원자력에 더 의존적인 남부 지역으로 수백 mile을 송전하는 세 개의 고전압 직류송전 루트를 계획하고 있다. 가장 서쪽에 위치한 송전망은 2019년에 완료될 예정이다. 이는 북해의 엠덴항구에서 400mile을 거쳐 필립스부르크 원자로 근처의 슈투트가르트 북서쪽으로 40mile 떨어진 지역까지 송전이 실행된다.

풍력, 태양광과 같은 신재생에너지에 기초한 이러한 독일의 송전망은 궁극적으로 유럽 슈퍼그리드의 일부가 되고 있다. 지멘스, ABB, 알스톰, GE 등 대표적인 전력 설비 제조업자들이 상상하는 슈퍼그리드는 스페인 태양광, 노르웨이 수력 및 북해 풍력발전 등을 통해 필요할 때마다 전력을 공급하는 단일 송전시장이다. 그것이 현실로 되기 위해 유럽 국가들 사이에서 더 많은 조정과 노력이 필요하다.

장거리 송전 개발은 미국의 풍부한 육상풍력 자원이 상당히 멀리 떨어진 지역에서 활용될 때 그 예를 찾을 수 있다. 예를 들어, 바람이 풍부하지만 인구가 희박한 와이오밍 주에서 오일 억만장자 필립 안슈츠에 의해 계획된 풍력발전은 3,000MW에 달하는 대규모 시설이 될 것이다. 초크체리·시에라 마드레 풍력 프로젝트라고 명명한 이 사업은 와이오밍의 주요 송전라인 중 하나 이상을 연결하여, 캘리포니아, 애리조나, 네바다에서 수요가 많은 시장에 전력을 공급한다. 이 연결 중 하나는 725mile에 거쳐, 3,000MW의 규모를 공급하게 될 트랜스웨스트 익스프레스 송전라인이다.

바람이 풍부한 텍사스 서부와 댈러스 - 포트워스처럼 인구가 많은 지역을 연결하는 일련의 송전 프로젝트는 2014년 초 마무리되었다. 460MW 규모의 머라이어 풍력단지는 이러한 송전망과 연결된다. 최종적으로 6,000MW의 발전규모에 도달할 수 있다. 이미 텍사스 전력의 8%를 충족하고 있는 풍력발전은 이러한 장거리 송전선로에 의해 더 많이 기여할 전망이다. 또 다른 장거리 송전선로는 캘리포니아, 워싱턴 및 오리건 지역의 바람과 수력자원을 연결하는 고효율 고전압 직류송전 케이블을 사용하는 퍼시픽인터타이(Pacific Intertie) 라인이다.

현재 미국 송전사업에서 가장 야심 찬 기업 중 하나는 휴스턴 기반의 클린라인에너지파트너스이다. 이 기업은 3천 mile의 길이로 15,000MW를 공급할 수 있는 다섯 개의 송전라인(네 개의 고전압 직류송전 포함)을 제안했다. 예를 들어, 그레인벨트 익스프레스클린라인은 바람이 좋은 캔자스 서부와 미주리, 일리노이, 인디애나 지역을 연결한다. 또한 아이오와 북서 지역과 일리노이 및 동부 지역을 연결한다.

가장 흥미로운 송전프로젝트는 뉴멕시코 동부 클로비스 지역의 트레스 아미가스 슈퍼 스테이션 허브이다. 이는 미국의 세 개 주요 전력망과 연결된다. 웨스트 코스트, 애리조나, 뉴멕시코를 포함하는 서부 송전망, 대서양 연안에서 로키산맥에 이르는 동부 송전망, 그리고 텍사스 송전망이다.

조건이 허락한다면 세 그리드의 연결은 미국 내 한 지역에서 다른 지역으로의 송전이 가능하게 할 것이다. 그것은 새로운 에너지경제로의 전환을 위한 랜드마크이다. 이전에 가능한 것보다 더 넓은 영역에서 전력의 과부족을 조정하여 전기 손실과 소비자 요금 모두를 낮출 수 있다. 풍력, 태양광 등 간헐적인 신재생에너지자원을 보다 쉽게 넓은 지역에 걸쳐 균형을 이룰 수 있다.

새로운 지역으로의 풍력발전 보급·확대 이상으로 신성장을 선도하는 영역은 리파워링(repowering)이다. 이는 노후화된 풍력발전을 더 크고, 더 생산적인 터빈으로 교체하는 것이다. 캘리포니아의 한 리파워링 프로젝트에서, 2.3MW 규모의 34개 풍력터빈은 1980년대 설치된 438개의 작은 터빈을 교체했다. 총 발전용량은 거의 같지만, 새로운 고효율 터빈은 전력을 두 배 이상 더 생산한다. 미국 캘리포니아, 독일, 덴마크, 스페인과 같은 성숙된 시장에서 리파워링을 통해 설치된 터빈은 신규 풍력발전보다 더 많은 전력을 공급하고 있다.

세계 풍력발전의 고성장은 특히 개도국의 대규모 보급·확산을 중심으로 앞으로 몇 년 동안 계속 될 것이다. 풍력발전이 기술 개발을 계속하고 비용이 감소하면서, 바람이 주요한 전력원으로 올라설 것이다.

제7장

지열을 개발하다

．．．．．．

지구의 중심 온도는 태양의 표면과 거의 동일한 1만 °F(5천7백℃)이다. 이 지열에너지는 지구의 중심부와 맨틀로부터 전기로 전환하거나 건물, 온실과 같은 시설들을 직접 가열하도록 사용할 수 있다.

전 세계 지열 자원은 지각 활동이 큰 영역에서 가장 풍부하다. 환태평양 조산대가 대표적인 영역이다. 그것은 중앙 아메리카, 미국과 캐나다의 서부 해안, 안데스 국가(예: 칠레, 페루, 콜롬비아 등)를 포함한다. 태평양의 다른 방향에서, 화산대는 일본, 중국, 필리핀, 인도네시아를 포함한다. 또 다른 지열 자원 보유국가는 에티오피아, 케냐, 르완다, 탄자니아, 우간다를 포함하는, 아프리카의 그레이트 리프트 밸리에 위치한다. 동부 지중해 지역도 지열 자원이 많다.

그러나 세계의 지열 수도는 아이슬란드이다. 북미와 유라시아 지각판이 연간 1in(2cm)의 약 5분의 4 속도로 떨어져 대서양 중앙 산령 사이를 넓게 하고 있어, 이 화산섬은 지구상에서 지질학적으로 가장 활동적인 장소 중 하나다. 발전, 난방, 채소 재배 및 양어에 이르기까지 아이슬란드인들은 삶의 거의 모든 면에서 지열에너지를 이용하고 있다.

아이슬란드의 많은 지역은 지열발전을 하기 우수한 조건인 지표의 1mile 내에서 최대 480℉(250℃)에 이르고 있다. 2014년 초 지열발전 규모는 660MW로 지구로부터 전기의 29%를 얻는, 세계에서 가장 높은 점유율을 차지하고 있다.(나머지의 대부분은 수력이 차지한다.) 뜨거운 물과 증기는 다공성 바위의 우물을 통해 지하 저수지에서 지표면으로 이동하게 된다. 저수지나 뜨거운 물에서 나온 증기를 통해 발전터빈을 구동한다. 저렴한 지열발전이 풍부하기 때문에 아이슬란드는 알루미늄 제련과 같은 에너지 집약 산업의 강국이 되었다. 아이슬란드 전력의 약 70%는 알루미늄 제련 등에 이용된다.

아이슬란드의 자연 온천은 수세기 동안 사용되고 있는데, 이러한 전통은 약 1,100년 전부터 정착되기 시작하였다. 지난 100여 년에 걸쳐 약 150개의 지열을 활용한 레크리에이션 수영시설은 전국의 거의 모든 지역에 건설되었다. 대부분 야외에 위치하며, 이들 중 많은 시설은 연중 운영되는 공공시설이다. 아이슬란드의 가장 유명한 관광지, 블루라군(Blue Lagoon)—매년 아이슬란드의 인구인 33만 명보다 훨씬 더 많은 방문자들이 찾는 곳— 35℃에서 47℃에 이르는 수온 범위를 자랑한다. 이곳에는 실제로 전기를 생산하고, 주거용 온수를 공급하는 스바르트셍기(Svartsengi) 지열발전소에서 방출된 소금물이 포함되어 있다.

지열로 가열된 물은 스바르트셍기와 같은 열병합 발전소 또는 "저온"(150℃ 미만) 지열 지대로부터 건물을 난방하기 위해 파이프를 통해 보내진다. 1970년에는 아이슬란드 난방의 50%를 석유가 차지했으며, 지열은 43%를 차지했다. 그 후 고유가에 대응하기 위해 정부는 10여 년간 지역난방 확산을 우선시하였고, 현재 지열에너지를 통해 난방의 약 90%를 얻고 있다. 나머지 10%는 전기로부터(이 또한 부분적으로 지열에 의해 만들어진) 얻으며, 석유는 총 1% 미만을 차지한다. 아이슬란드 수도 레이캬비크의 18만 4천 여 주민들은 지열 지역난방을 적극 활용하고 있다.

아이슬란드는 또한 다양한 방식으로 지열 자원을 사용한다. 예를 들어 레이캬비크 대부분의 인도, 주차 공간 및 도로의 거의 1천 3백만 평방피트는 대부분 결빙을 방지하고 눈을 쉽게 제거하기 위해 지표 아래에서 물을 가열한다. 시멘트 경화와 소금 생산을 포함한 산업부문도 지열에너지를 직접 사용한다. 지열에너지는 야채, 과일, 꽃, 그리고 다른 식물을 재배하기 위해 온실 48acre를 가열하는 데 사용된다. 15~20개의 양어시설에서는 북극 민물송어, 연어, 서대기를 기르기 위해 지열로 데운 온수를 사용한다.

아이슬란드가 모범적인 사례이지만, 중국은 지열에너지 활용 규모로 주목받고 있다. 중국의 지열에너지 설비용량은 약 6,100MWt로 세계 전체의 약 30%를 차지한다. 이 용량의 절반은 지역난방에 이용되는데, 지난 10년간 중국 내에서 다섯 배 성장했다. 이와 같은 급속한 성장은 아이슬란드의 노하우와 경험에 일부 의존하였다. 2013년 국영 석유기업 시노펙은 레이캬비크에 본사를 둔 오카 에너지 사와 합작사로 시노펙 그린에너지지열개발을 설립했다. 2013년 말 합작사는 1.61억 평방피트를 가열할 수 있는 지열에너지를 개발했다. 중국에서 직접 이용되는 지열의 40%는 온천과 온욕이 차지하며, 나머지는 양어, 온실, 농업 및 산업에 이용된다.

세계 2위의 지열국가는 터키로 직접이용 지열설비를 2,800MWt 보유하고 있다. 지열의 3분의 1 이상은 수많은 온천과 목욕시설을 가열하는 데 사용되며, 25%는 지역난방, 20%는 740acre의 온실에 이용되고 있다. 아이슬란드(직접이용 지열설비 세계 3위 국가로 2,200MWt 규모) 다음으로 지열설비가 많은 국가는 일본으로 현재는 약 2,100MWt 규모이다. 수천개의 목욕시설로 유명할 만큼 지열이 풍부한 일본은 이 분야의 초기 선두주자였다. 지열설비의 약 90%는 2천여 개의 스파, 5천여 개의 대중목욕탕에서 이용하며, 1만 5천여 개의 호텔에서 지열을 통한 온수를 사용한다. 인도는 약 990MWt의 직접이용 지열에너지를 개발한 국가로 세계 다섯 번째에 해당한다.

이탈리아, 프랑스, 독일은 물과 공간 모두를 가열하기 위해 지열자원을 이용하고 있다. 이탈리아의 지열에너지 800MWt 중 절반은 온천과 수영시설에 활용되고 있다. 토스카나 지역 일부는 지열 지역난방 시설을 가지고 있지만, 널리 개발되지는 않았다. 반대로 프랑스와 독일에서는 지역난방의 약 80% 이상을 지열 직접이용 기술로 충당하고 있다. 2015

년 파리 수도권 지역에서 약 18만 가구가 지열을 이용하고 있다.

동유럽의 헝가리는 유리한 지열 조건을 갖고 있다. 헝가리의 지열 직접이용 설비 615MWt 중 44%는 목욕시설과 수영장에서 이용한다. 지열에너지는 겨울에 약 1천2백 개의 수영장에서 활용된다. 그리고 173acre 규모의 온실은 193개의 지열 우물로부터 열을 얻고 있다.

미국에서 직접 사용하는 지열은 615MWt 규모로 온실, 산업 공정상 필요한 열, 지역난방 등에 활용되고 있다. 미국에서 지역난방을 위한 지열에너지로의 전환이 진행 중인 첫 번째 도시는 아이다호의 주도 보이시(Boise)이다. 보이시에는 21만 4천 명이 거주하는 데, 특히 아이다호 주의회의사당을 포함하여 수백 개의 건물 난방을 위해 지열을 사용하고 있다. 2014년 보이시주립대학교는 9개의 건물을 난방하기 위해 지열에너지를 사용하기 시작했다. 미국에서 지열난방을 적극 활용하고 있는 또 다른 지역으로는 네바다 주의 리노, 오리건 주의 클래머스 폴스 등이다.

2014년 3월 인디애나의 볼주립대학교는 두 개의 석탄 보일러를 폐쇄하고 지열에너지로 대체하였다. 짐 로우 엔지니어링·건설·운영 담당 이사는 지열 냉난방으로 석탄 3만 3천 톤을 대체하여 매년 대학 측에 200만 달러의 혜택을 주는 동시에 탄소 배출량을 절반으로 줄일 수 있을 것으로 기대하고 있다.

미국은 양식업에 지열에너지를 사용하는 21개 나라 중 하나이다. 예를 들어 캘리포니아의 퍼시픽 아쿠아팜 사는 지열 가열 연못과 탱크에서 틸라피아, 메기, 붕어, 줄무늬 농어를 생산하고 있다. 이 회사는 물고기를 매년 200만 lb씩 로스앤젤레스와 샌디에이고 지역의 어시장과 레저용 낚시를 위한 호수에 공급하고 있다.

이스라엘의 네게브사막에서 지하 38℃의 소금기 있는 물은 틸라피아, 메기, 농어, 레드드럼, 그리고 배러먼디를 양식하는데 사용된다. 물고기 폐기물에서 나온 풍부한 영양분과 양어장에서 나온 물은 올리브 나무, 대추 야자, 콩과(科) 식물을 재배하는 데에 사용된다.

지역난방, 양식, 온수 목욕 외에도, 열을 온도가 낮은 곳에서 높은 곳으로 이동시키는 히트펌프는 지열이 직접 활용되는 또 다른 분야이다. 이 시스템은 대기 온도가 낮은 겨울에 열원으로 사용하며, 대기 온도가 높은 여름에 냉각이 필요한 경우 활용되는 데, 지면으로부터 단지 수 ft 깊은 곳의 온도가 매우 안정적인 점을 활용한 것이다. 이 기술의 큰 매력은 전통적인 가열 및 냉각 시스템이 필요로 하는 것보다 25~50% 적은 전기를 사용한다는 것이다. 다른 지열에너지 직접이용 방식과 달리 히트펌프는 고온의 자원이 없어도 가정, 학교, 건물 등 어느 곳에서나 활용할 수 있다. 전 세계적으로 지중 열원을 기반으로 하는 히트펌프는 약 50,000MWt 규모로 추정된다.

　　약 82개국에서 지열에너지를 직접 이용하고 있지만, 24개국은 지열에너지를 지하에서 전기로 변환하고 있다. 전 세계에 설치된 지열 발전용량은 2014년 11,700MW에 이르며, 이 중 4분의 1은 미국에 설치되어 있다. 또 다른 4분의 1은 필리핀과 인도네시아가 차지하며, 이탈리아와 뉴질랜드까지 상위 5개국을 형성하고 있다. 다음으로는 멕시코, 아이슬란드, 일본, 케냐, 터키의 순서로 지열발전 설비가 많이 설치되어 있다.

발전량 중에서 지열의 비중을 고려할 때 앞서 언급한 바와 같이 아이슬란드가 가장 높은 순위에 있다. 그리고 전력의 약 26%를 지열로 얻는 엘살바도르, 19%를 얻는 케냐의 순이다. 필리핀, 코스타리카, 뉴질랜드는 모두 지열이 발전량의 15% 가까운 비중을 차지하고 있다. 또한 파푸아뉴기니, 니카라과, 인도네시아가 상위권에 있다.

이들 중 몇몇 국가는 지열 자원을 더욱 많이 활용할 수 있다. 미국의 지열에너지협회(GEA)는 지열발전으로만 모든 전력 수요를 충족할 수 있는 40개국을 확인하였다. 코스타리카, 에콰도르, 엘살바도르, 에티오피아, 인도네시아, 케냐, 페루, 필리핀, 탄자니아, 우간다 등이다. 이들 국가의 인구를 합할 경우 모두 8.6억 명으로 전 세계의 12%를 차지한다.

미국은 약 140만 가구에 전력을 공급할 수 있는 3,440MW 규모의 지열발전이 있다. 지난 수십 년 동안, 미국 지열발전은 샌프란시스코 북부의 게이저스 프로젝트에 한정되었다. 발전용량은 약 1,500MW로 세계 최대의 규모이다. 그러나 지금 미국은 지열 르네상스를 경험하고 있다. 12개 주에서 약 1,000MW 규모의 지열발전소가 개발 중이다. 알래스카, 캘리포니아, 콜로라도, 아이다호, 네바다, 오리건, 유타 지역에서 각각 최소 20MW 이상의 프로젝트가 개발 중이거나 개발되고 있다.

현재 미국에서 개발 중인 신규 지열설비의 대부분은 바이너리(binary) 방식이다. 지표면의 뜨거운 물은 끓는 점이 낮은 이소부탄과 같은 액체를 가열하며, 액체가 기화될 때 수증기는 터빈을 구동한다. 과거에는 지열발전에서 전기를 만들기 위해서는 180℃ 이상의 온도가 필요했지만, 바이너리 방식은 약 100℃에서 지열자원을 이용한다. 발전을 위해 이와 같이 낮은 지열 지대를 이용함으로써 독일과 같은 국가가 전원 구성에 지열을 포함하게 되었다.

캘리포니아와 네바다는 전체 미국 지열 발전용량의 95% 이상을 차지한다. 나머지는 유타, 하와이, 오리건, 아이다호가 차지한다. 2014년 5월 캘리포니아의 캘에너지(워런 버핏 미드 아메리칸 에너지 리뉴어블즈의 자회사) 사는《솔턴호 주변에서 10개의 지열설비를 유지하기 위해 1억 달러를 투자하겠다》고 발표했다. 미국지열에너지협회는 캘리포니아에서 지열 자원의 약 50%가 미개발 상태인 것으로 추정하고 있다. 네바다의 경우 약60%가 미개발상태에 있다.

미국 지질조사국은 3천만 가구에 전력을 공급할 수 있는 지열발전 약 42,000MW가 개발 가능한 것으로 추정하고 있다. 미국 전역에서 잠재적인 지열발전의 약 90%가 개발되기를 기대하고 있다.

현재 세계에서 두 번째로 많은 지열발전을 보유하고 있는 필리핀도 새로운 프로젝트를 계획하고 있다. 2014년 하반기 오리엔탈민도로 주의 40MW 프로젝트를 통해 해당 지역에서 약 40%의 전기요금을 절감할 수 있을 것으로 기대된다. 필리핀 에너지부는 지열발전 규모를 현재의 1,900MW에서 2030년 3,300MW까지 확대하는 것을 목표로 하고 있다.

127개의 활화산과 풍부한 지열자원을 갖고 있는 인도네시아는 지금까지 1,340MW의 지열발전을 개발했다. 지열에너지는 최근 몇 년 동안 꾸준히 성장하고 있지만, 더 큰 추진력을 기대하고 있다. 2014년 6월 수마트라 북부의 330MW 프로젝트가 건설을 시작했다. 인도네시아는 중요한 몇 개의 규제 개선을 통해 지열 탐사와 프로젝트 파이낸싱을 보다 쉽게

할 수 있도록 하였다. 2015년 20개가 넘는 지열 프로젝트 입찰이 진행되었으며, 2019년까지 4,900MW, 2025년까지 10,000MW의 지열발전을 확보할 계획이다. 지열 10,000MW는 현재 전력 수요의 3분의 1을 충족시킬 수 있는 규모에 해당한다.

인도네시아에서 지난 20년 동안 석유 생산이 절반으로 감소한 이후 거대한 지열 잠재력을 확인한 것은 행운이라고 할 수 있다. 석유 수출국에서 수입국으로 전환되면서 국영 석유 회사인 페르타미나는 주요한 지열발전 개발 기업이 되었다. 이로써 페르타미나는 석유회사에서 신재생에너지 사업자로 변신한 첫 번째 기업이 될 것이다.

일본은 지열발전으로 80,000MW 이상을 개발할 수 있다. 불행하게도, 현재 지열개발이 금지된 국립공원과 사적 등이 많기 때문에 단지 500MW 규모의 지열발전을 갖고 있다. 후쿠시마 원전 사고가 발생한 지 1년이 지난 2012년 3월 정부는 몇몇 국립공원에서 철저한 관리감독 아래 소규모 지열 프로젝트를 허용하도록 관련 법을 변경했다. 2012년 지열에 대한 발전 차액(feed-in tariff)을 장기적으로 보상해 주는 제도를 도입하여 현재 47개의 지열발전 프로젝트가 개발되고 있다.

450만 명의 인구와 세계 최대의 지열 호수를 가진 뉴질랜드는 전력의 약 14%를 지열발전으로 얻고 있다. 2014년 8월 컨택에너지 사가 뉴질랜드 북섬에서 166MW 규모의 테미히 발전소를 가동함으로써 이 비중은 확대되었다. 천연가스 가격이 상승함에 따라 이 기업은 가스발전의 일부를 지열발전으로 대체했다. 2014년 말 최고 경영자 데니스 바네스는《우리는 3억~4억 달러인 가스 요금 청구서를 받았는데, 내년에는 1억 달러 청구서를 받을 것이다. 이는 가스발전을 지열발전으로 대체했기 때문이다》라고 말했다.

천연가스를 대체하는 새로운 트렌드는 컨택에너지 사와 같은 일부 발전사에만 해당하는 것은 아니다. 또 다른 대규모 발전사인 마이티리버파워 사는 가스발전 일부를 지열과 풍력발전으로 대체했다. 실제로 지열발전은 가스발전을 대체하고 있으며, 수력발전 다음을 차지하고 있다. 지열은 지난 2013년 11월부터 2014년 10월까지 발전량의 16.3%를 차지하여 15.8%의 가스발전을 근소한 차이로 넘어섰다.

지열발전량이 세계 4위인 이탈리아는 880MW를 가동하고 있다. 1904년 처음으로 지열발전을 이용했던 라드렐로는 1913

년 가동하기 시작한 발전 플랜트를 여전히 운영하고 있다.

2014년 초 지열발전 220MW를 보유한 터키는 당해에 용량을 크게 확대하였다. 2014년 12월 지열 뉴스 웹사이트 (ThinkGeoEnergy.com)의 설립자 알렉산더 리히터에 따르면《터키의 지열 발전용량이 400MW에 도달하여 거의 두 배 가까운 성장을 보였다》고 언급했다.

아프리카의 그레이트 리프트밸리에 위치한 국가 중에서는 케냐가 선두 주자로 떠오르고 있다. 현재 지열발전용량 250MW 수준에서 곧 수백 MW를 추가한다. 인구의 19%만이 전기를 사용하고 있는 케냐는 2030년까지 지열발전 5,000MW 보급이라는 야심 찬 목표를 설정했다.

이웃 에티오피아 또한 지열발전 잠재력이 큰데, 2014년 아이슬란드의 레이캬비크 지오써멀 사는 2개의 500MW 지열발전을 설치하는 코베티 프로젝트의 첫 번째 단계를 시작했다. 이 1,000MW 프로젝트가 마무리되면 지열과 수력의 균형이 기대된다. 에티오피아의 현재 발전용량은 대부분 수력발전의 형태로 약 2,000MW에 불과하다.

중앙 아메리카의 코스타리카는 2021년 재생에너지로 전력의 100% 공급과 탄소중립을 목표로 하고 있다. 전력의 90% 이상은 이미 재생에너지로 공급하고 있는데, 수력 70%, 지열 14%, 풍력 5%, 바이오매스 2% 미만의 순으로 구성되어 있다. 재생에너지로의 전환이 순조롭게 진행 중이지만 수력발전에 지나치게 의존하는 것은 건기에 중유발전 사용 및 전력 부족으로 이어지고 있다. 정부는 이와 같은 계절적인 문제를 해결하기 위해 지열발전 200MW 추가를 계획 중이다. 일본국제협사업단(JICA)의 재정적인 도움을 받아 과나카스테 주의 북동지역에 세울 3개의 55MW급 지열발전단지는 20만 가구에 충분한 전기를 공급할 것으로 기대된다.

엘살바도르의 지열자원 탐사 시추는 이미 1968년에 시작되었다. 1980년대 유혈 내전을 포함하여 이후 수십 년의 정치적 혼란에도 불구하고 2개의 주요 지열발전단지를 통해 현재 전력의 26%를 충당하고 있다. 엘살바도르의 목표는 40%까지 지열의 점유율을 높이는 것이다. 하지만 2014년 이탈리아의 에넬 그린 파워 사는 자신들이 소유한 엘살바도르 국영 지열발전 운영사 라 지오의 지분을 정부에 판매했다. 이는 엘살바도르의 보급 계획에 다소 부정적 영향을 줄 것으로 보인다.

전 세계적으로 2014년 건설 중인 지열발전은 모두 60여 개로, 미국지열에너지협회는 향후 수년 내 새로운 지열발전 1,400MW 이상이 송전망에 연결될 것으로 기대하고 있다. 새로운 프로젝트를 추진하는 국가들은 케냐, 멕시코, 뉴질랜드, 니카라과, 터키, 미국이다. 또한 지열 개발이 추가될 것으로 기대되는 국가로는 아르헨티나, 호주, 아제르바이잔, 칠레, 독일, 과테말라, 말레이시아, 르완다, 태국, 우간다, 잠비아 등이 있다.

풍력 및 태양광과 마찬가지로 지열에너지 개발 시 주된 비용은 초기 설치비이다. 지열발전 개발은 우선 드릴링이 필요하다. 탐사 우물은 1mile 또는 그 이상의 깊이에 이른다. 시험 시추 단계가 비싸고, 불확실성이 크기 때문에 이러한 초기 단계의 투자 비용이 프로젝트 비용의 15%를 차지하고 있다. 사이트 개발의 성공을 보장할 수 없어 전통적으로 파이낸싱이 쉽지 않은 분야이다. 지열 지대가 발견되면 이후 비용은 지표면 아래 온수와 스팀까지 도달하기 위한 드릴링 과정이다. 발전소 건설 후에는 어떤 추가적인 연료비가 없기 때문에, 운영 및 유지 보수 비용은 상대적으로 덜 중요하다. 발전기 수명이 다할 때까지 지열발전은 다른 모든 전원과 비교하여 가격

경쟁력이 있다.

개발사업자는 여전히 지열발전을 위해 충분히 뜨거운 물이나 스팀을 가진 전통적인 저수지를 찾지만, 상대적으로 새로운 인공지열발전(EGS, Enhanced Geothermal System) 기술은 전 세계적으로 지구의 열에서 전력 생산을 확대할 수 있는 커다란 잠재력을 갖고 있다. 지하의 고온 암체는 기존의 지열 기술이 작동하기에 너무 건조하거나 불투과성을 갖고 있어, EGS는 새로운 지열 저수지를 만들기 위해 지하 깊이 물을 주입한다. 또 다른 우물은 데워진 물을 지표로 보내고, 이 물의 증기로 지열터빈을 돌리게 된다.

EGS 기술은 석유와 가스산업의 수압파쇄 기술로부터 적용되었지만, 중요한 차이가 있다. 2013년 사이언스지에서 유타대학 에너지·지질연구소의 스튜어트 시몬스는 〈지질학적 형성이 더 깊은 곳에서는 독성 화학 물질이 사용되지 않으며, 부정적인 환경 영향 리스크가 석유·가스의 시출 기술보다 훨씬 낮다〉고 지적한다.

초기 몇 개의 EGS 프로젝트는 규모가 매우 작다. 첫 번째

그리드에 연결된 EGS 시설은 프랑스의 2MW 규모로 2008년 운영을 시작했다. 호주에서는 2013년 운영을 시작했는데, 지표면 아래 약 2.5mile에 위치하는 1MW 파일럿 프로젝트이다. 같은 해 미국에서 지열기업 오맛테크놀로지 사는 네바다에서 1.7MW 데저트피크 지열발전소를 전력망에 연결하였다. 기존의 18MW 발전 플랜트를 따라 건설되었는데, 이 EGS 시설은 40% 가까이 작동하지 않았던 우물로부터 전력을 생산할 수 있음을 보여준다.

데저트피크 지열발전의 초기 성공은 유망하지만, 그것만으로 EGS 기술을 통한 잠재적 발전의 크기를 설명하지는 못한다. 2006년 MIT 기술팀은 2050년까지 EGS를 통해 100,000MW를 공급할 수 있을 것으로 보고 있다. 미국 지질조사국은 자국의 EGS 가능성을 500,000MW 규모로 추정하고 있다. 이와 비교하여 전 세계적으로 전통적인 방식의 지열 잠재량은 200,000MW 규모로 추정된다.

2014년 미국 에너지부(DOE)는 100,000MW 도달을 목표로 지열에너지연구관측소(FORGE, Frontier Observatory for Research in Geothermal Energy)를 설립했다. DOE의 주도 아래 FORGE는 산

학연을 구성하고, EGS 연구 및 시범 사이트 개발을 위해 협력하고 있다. 관측소의 목표는 EGS 방법 및 기술을 테스트하고, 저장조를 모델링하고, 데이터를 수집하고 공유하는 것이다. 이를 통해 EGS 기술이 확산될 수 있도록 리스크와 비용을 낮출 계획이다. 관측소에는 일본, 스위스, 대만 등이 참여하여 국제적인 노력으로 확대되었다.

지열의 강점 중 하나는 끊기지 않고 운영할 수 있는 안정적인 전원이라는 것이다. 에너지전환이 진행되고 더 많은 풍력과 태양광 설비가 전력망에 연결됨에 따라, 지열을 통한 발전량이 빠르게 확대될 수 있을 것이다. 지열은 바람이 멈추거나 속도가 줄어들 때, 비싼 화력발전소가 대기할 필요성을 낮춘다. 지열발전소 개발을 위해 충분한 지하열이 부존하는 지역에서, 이로 인한 잠재적 이득은 거대하다.

제8장

제8장 수력발전 – 과거와 미래

1966년 마오쩌둥은 72세의 나이에 자신의 건재와 문화혁명의 힘을 보여주고자 아시아에서 가장 긴 강인 양쯔 강에서 수영을 했다. 빠른 물살이 내려가는 모습은 10년 전부터 댐에 의한 세상의 변화에 대해 그가 시를 쓸 수 있도록 영감을 주었다. 양쯔 강 댐은 1919년 중국이 세워진 시기에 홍수를 제어하도록 설계되었다. 마오의 사망 18년 후인 1994년 세계에서 지금까지 가장 큰 수력발전사업인 삼협 댐(싼샤 댐) 건설이 시작되었다.

2003년 첫 번째 송배전 연결 이후 2012년, 600ft 규모의 삼협댐은 완성되었고, 총 22,500MW의 발전 능력을 보유하기에 이르렀다. 연간 8,300만 MWh에 이르는 발전량은 4,500만 톤의 석탄을 태우거나 20개의 원자력발전기로부터 얻는 전력과 동일한 규모이다. 그러나 전 세계적으로 MW급 댐들은 대규모 전력 생산의 기여에도 불구하고 환경적, 사회적, 경제적 영향을 주고 있다.

삼협 댐과 관련된 문제는 상당히 두드러지고 있다. 댐 건설은 244평방마일을 범람시켜 140만 명 이상의 난민들을 이전시켰다. 그들에게 이전 후 집과 경제적 측면에서 이전 삶에 상응하는 생활수준을 제공하겠다는 중국 정부의 약속은 실현되지 않았다. 새로운 저수지는 중국의 고유 식물과 동물 종을 훼손하였으며, 지진 활동과 치명적인 산사태를 계속 유발하고 있다. 전체적인 대가를 치르지 못했지만, 환경과 사람들에게 미친 피해를 모두 포함하지 않더라도 대략 880억 달러에 도달할 것으로 추정된다.

미국 내각에 상응하는 중국 국무원은 공개적으로 삼협 프로젝트의 부작용을 인식하면서 《큰 포괄적인 혜택을 제공하고 있지만, 긴급한 문제는 주민들의 원활한 이전이 해결되어야 하며, 생태계 보호 및 지리학적 재해 예방이 요구된다》고 언급했다.

전 세계적으로 150개 이상의 국가들이 성장을 위해 물의 낙차에너지를 활용함에 따라 수력발전의 비용과 편익 사이에서 고심하고 있다. 세계적으로 4층 높이 이상의 대형 댐이 40,5000여 개가 있고, 이 중 8,600여 댐은 발전 설비를 갖추고 있다. 1980년 수력발전은 세계 전력생산의 20%를 차지했다. 그 이후 점유율은 16%로 떨어졌지만, 이는 미국에 전력을 공급하기에 충분한 발전량이다.

2013년 글로벌 수력 발전용량은 100만 MW를 기록했다. 연간 새로운 댐은 약 30,000MW 규모로 추가되고 있다. 1965년 이후 세계 수력발전량은 약 4배 증가하였는데, 2003년까지는 연평균 2.8%, 이후 2013년까지는 3.7% 증가하였다. 중국의 대규모 수력발전프로젝트가 전력망에 연결되어 최근의 가파른 증가세를 나타냈다.

수력발전 사용이 널리 퍼져 있지만 실제로 대부분은 소수 국가에 집중되어있다. 중국은 전 세계의 절반을 차지하는데, 거의 2000년과 2012년 사이에 수력발전량을 4배로 확대했다. 중국은 다음으로 규모가 큰 브라질, 캐나다와 미국의 수력발전을 합한 규모만큼 전력을 얻고 있다. 러시아와 인도가 그 뒤를 잇고 있으며, 노르웨이, 베네수엘라, 일본과 프랑스도 수력발전을 많이 하는 국가이다.

국토가 좁은 많은 국가들은 강에서 자국 전력의 모두 또는 거의 대부분을 얻기도 한다. 예컨대 파라과이는 수력으로부터 전력을 100% 얻는다. 에티오피아의 경우 수력을 통한 전력생산이 99%이다. 현재 아프리카의 중요한 인프라 프로젝트 중 하나로 6,000MW 규모의 청나일 강 그랜드 에티오피아 르네상스 댐이 진행 중이며, 에너지 수요가 증가함에 따라 수력발전 의존도가 높아질 전망이다. 이 밖에 수력에서 거의 모든 전력을 얻고 있는 국가로는 부탄, 콩고민주공화국, 레소토, 모잠비크, 네팔, 노르웨이, 잠비아 등이 있다.

선도적인 산유국으로 올라선 베네수엘라는 놀랍게도 전력의 60~70%를 수력에 의존한다. 1963~1986년 사이 두 단계에 걸쳐 건설된 구리 댐은 10,000MW 이상의 발전용량을 가지고 있다. 이 댐은 베네수엘라가 원유를 최대한 수출할 수 있도록 전력을 공급하는 역할을 하고 있다. 수력은 또한 오스트리아, 에콰도르, 뉴질랜드, 페루, 스위스와 같은 산악지형 국가에서 절반 이상의 전력을 공급하고 있다.

브라질은 안데스 산맥에서 대서양으로 이어지는 아마존 유역의 광대한 네트워크를 포함하여 풍부한 하천 보유 국가이다. 수력 댐은 일반적으로 브라질 전력의 약 80%를 공급하고 있다. 그중에서도 세계에서 가장 생산적인 댐은 브라질 남부에 위치한 이타이푸 댐이다. 이는 20개의 발전기를 합하여 700MW의 발전용량을 갖는다. 중국의 삼협 댐보다 작은 용량에도 불구하고, 이타이푸 댐은 이를 능가하는 발전량을 갖고 있다. 2013년 기록한 9,860만 MWh는 거의 이틀 동안 세계 경제에 전원을 공급할 수 있는 기록적인 수치이다. 이타이푸 단독으로 브라질 전력의 17%와 파라과이 전력의 7.5%를 공급한다.

캐나다는 뉴펀들랜드 섬의 가장 동쪽 주에서 태평양 연안의 브리티시컬럼비아 주까지 많은 강을 가지고 있다. 캐나다 전력 소비의 거의 60%를 차지하며, 세계 최대 규모의 몇몇 댐이 이를 설명한다. 퀘벡 북부에서 라그랑 강 위의 로버트부르아사 댐은 53층 빌딩 높이에 서 있고, 5,616MW의 발전용량을 가진다. 1960년대에 2,790MW 규모의 베넷 댐이 구축되었을 때 브리티시컬럼비아 주에서 피스 강 위에 윌리스턴 호수를 만들었다. 그것은 그 지역 전력의 95%를 생산하는 31개 수력 발전소 중 하나이다.

캐나다는 이와 같이 막대한 지리적 혜택을 갖고 있지만 단지 3,500만 명이 거주한다. 따라서 잉여 전력을 온타리오에서 미국의 뉴잉글랜드 지역과 인구가 밀집되어 있는 뉴욕 주까지 송전하기 위해 잘 배치되어 있다. 캐나다는 전력 수출을 통해 대략 1,000만 미국인들의 전기 수요를 충족시키고 있다.

단지 캐나다만이 수력발전을 수출하는 나라는 아니다. 히말라야 동쪽 산맥에서 겨우 76만 6천 명의 인구가 드문드문 사는 부탄은 국내 총생산 중 5분의 1을 수력발전을 통해 얻고 있다. 부탄 인구가 소비할 수 있는 것보다 수력발전량이 훨씬 더 많기 때문에, 남는 전력을 인접 국가인 인도에 공급하고 있다. 부탄은 전력 수출을 확대하기 위해 여전히 많은 댐을 건설하고 있다. 부탄 경제를 위해, 전력은 주 수출원이고 주요한 외화 획득 수단이다.

저수지 규모 면에서 세계 최대의 댐 중 두 개는 러시아에 위치하며, 러시아 발전 포트폴리오의 17%를 수력발전이 차지한다. 러시아의 강 대부분과 같이 북극 바다를 향해 흐르는, 예니세이 강에 6,000MW 규모의 크라스노야르스크 댐이 가장 큰 발전 댐이다. 시베리아에 위치한 브라츠크 댐은 1954~

1964년 사이에 지어졌으며, 40ft 높이에서 4,500MW의 발전용량을 보유하고 있다.

　세계에서 가장 수량이 많은 저수지는 짐바브웨에서 잠베지 강 댐에 의해 만들어진 카리바 호수이다. 이 댐의 발전용량 규모는 1,470MW에 달하며, 짐바브웨와 잠비아에서 수력발전 비중 약 60%를 차지한다.

　세계에서 가장 큰 또 다른 저수지 중 하나는 가나의 볼타 강에 있는 아코솜보 댐에 의해 만들어진 볼타호이다. 이 광대한 호수의 댐은 374ft의 높이 위에 건설되어 그 지역 어부 30여만 명의 생계를 제공할 만큼 풍부한 물고기가 서식한다. 거대한 저수지의 크기에도 불구하고, 댐은 단지 1,020MW의 발전용량을 보유하고 있다.

　모든 나라는 고유한 수력발전 역사를 갖고 있다. 미국의 경우 10개의 가장 큰 댐은 모두 1930년과 1975년 사이에 구축되었다. 네바다 콜로라도 강에 건설되어 1936년 완성된 후버 댐은 대공황을 벗어나기 위한 공공사업의 산물이었다. 또한 1941년 미국 최대의 그랜드쿨리 댐이 컬럼비아 강 위에 건설되었다. 6,800MW의 발전용량과 약 230만 주택들의 전력 수요를 충족시킬 수 있다. 이러한 두 대규모 댐의 건설은 미국 경제 역사의 중요한 부분으로, 대공황 기간 동안 많은 일자리를 창출하였다.

수력은 미국 전력 공급의 7%를 차지하며, 이 중 51%가 신재생에너지에 해당한다. 수력발전 여건이 좋은 지역은 워싱턴, 오리건, 캘리포니아, 뉴욕이며, 다음으로 앨라배마, 테네시, 몬태나, 아이다호가 뒤를 잇고 있다. 지역적으로 노스웨스트는 미국의 수력발전용량의 가장 큰 비중을 차지하고 있다. 그것의 대부분은 컬럼비아 강의 댐에 있으며, 캐나다 로키산맥에서 유래하여 워싱턴과 오리건을 통해 태평양으로 흐른다. 그랜드쿨리 댐을 포함하여 컬럼비아와 그 지류에 따른 댐의 발전용량은 총 29,000MW 규모이며, 2012년 미국 수력발전의 44%를 차지했다.

미국은 작은 강과 지류에 지어진 다양한 크기의 모두 8만 개 이상의 댐을 보유하고 있다. 하지만 이 중 3% 미만이 전력을 생산한다. 대부분은 홍수 조절, 관개, 또는 현재는 가동되지 않는 공장을 위해 건설되었다. 이러한 곳에 터빈을 설치하고, 강의 흐름을 전기로 전환하여 보다 저렴한 전력을 제공할 수 있다. 매사추세츠 상원의원 에드 마키 환경공공위원회 위원은《현재 전력을 생성하지 않는 기존 댐의 업그레이드와 기존 댐으로부터 안전하게 전류를 포착하기 위한 기술개발이 필요하다. 향후 15년 내에 수력발전 60,000MW 규모를 추가할 수 있다》고 강조했다. 참고로 이와 같은 규모는 원자로 60개의 발전용량과 동일하다.

오크리지 국립연구소는 훨씬 더 보수적으로 아직 전기를 생산하지 못하는 기존 5만 4천여 개의 미국 댐을 통해 추가적으로 12,100MW를 생산하도록 개조할 수 있다고 추정한다. 이 가능성의 대부분은 모두 태양광이나 풍력에너지 개발 빈도가 낮은 남동 또는 중서부 지역에 집중되어 있다.

미국 정부가 기존 댐의 발전기를 교체하거나 업그레이드하는 방법들을 검토하고 있는 것과 동시에, 노후화된 댐의 해체는 막힌 강을 자유롭게 하고 있기도 하다. 지난 25년 동안 미국에서 거의 900여 개의 댐이 해체된 것으로 환경보호단체 아메리칸 리버스는 산정하고 있다. 2007년 이후 캘리포니아와 태평양 연안 북서부뿐만 아니라 주로 뉴잉글랜드와 오대호 인접 지역에서, 미국의 강에서는 매주 적어도 평균 1개의 댐을 잃었다. 분해된 댐은 대부분 더 작고, 전력을 생산하지 못하면서, 종종 제거보다 유지에 더 많은 비용이 소요된다.

댐을 제거함에 따라 어류와 다른 야생동물은 돌아왔다. 미국에서 가장 큰 댐의 제거는 워싱턴 주 엘화 강의 두 개 댐이었다. 2011년 108ft의 엘화 댐이, 2014년 210ft의 캐넌 댐이 제거되었다. 한 세기 이상 강 흐름을 방해한 후, 댐의 종말은 연어의 새로운 이동에 대한 기대를 가져오고 있다. 유럽 또한 프랑스의 르와르 강과 스페인의 도루 강에서 댐을 제거하는 것을 포함하여, 또한 수많은 강을 복구하고 있다.

이러한 댐 제거는 에너지원으로서 수력의 찬반 양론을 불러 일으키고 있다. 수력발전의 중요한 매력은 재생가능하고, 신뢰할 만하다는 것이다. 기상이 허락하는 한 계속해서 운영함으로써, 풍력과 태양광 전력 생산의 변동을 상쇄할 수 있기 때문에, 수력은 신재생에너지와 잘 맞물린다. 전력 생산과 함께 댐은 저수와 홍수 제어 기능과 관개에 이용할 수 있다. 따라서 경우에 따라서는 에너지 안보를 보장하는 것뿐만 아니라, 식량 안보에까지 기여할 수 있다.

그러나, 수력의 단점은 사람들로 하여금 그 역할을 다시 생각하게 하고 있다. 수력 댐 및 저수지가 일반적으로 지역 사회를 이주하게 하거나, 역사적인 사이트 및 문화 유산을 범람시켜, 결국 광대한 지역에 부정적인 영향을 주게 된다. 또한 생물 다양성을 감소시키고, 지역의 식물과 동물을 멸종시킬 수 있다. 댐은 또한 강 생태계의 복원력을 약화시키고 퇴적물의 흐름을 방해하며, 하류의 토지 안정성을 위협한다. 그들은 하류의 호수와 습지가 줄거나 사라지게 하거나, 물고기와 다른 생물의 움직임을 방해할 수 있다. 저수지의 물과 댐으로 인해 느려진 하천은 자유롭게 흐르는 강보다 따뜻하여 온도에 민감한 수생 생물을 위협하고 있다. 저수지의 물로 관개하여 작물 생산을 증가시킬 수 있는 반면 댐은 중요한 단백질원인 어업의 붕괴로 이어질 수 있다.

수력발전량 자체가 가뭄에 의해 방해받기 쉽다. 이는 브라질에서 80년 만의 최악의 가뭄이 닥친 2014년 발생했다. 같은 해, 캘리포니아의 심각한 가뭄으로 수력발전으로 인한 기여도가 절반 가까이 감소했다. 수력은 가뭄과 홍수 모두에 의해 부정적인 영향을 받는다. 나이지리아의 카인지 댐의 경우 가뭄과 홍수로 수력발전량 목표의 70% 가까이 달성하지 못했다.

수력발전은 재생가능하지만, 수력발전소 건설은 기후 중립이 아니다. MW 규모의 댐을 건설하는 데 사용되는 광대한 콘크리트를 확보하기 위해서는 많은 양의 탄소 배출이 불가피하다. 저수지에서 식물을 분해하고, 댐에 갇혀 있는 메탄가스는 온난화 기여도가 높은 온실가스이다. 온실가스 배출에 따른 영향은 지리와 현지 조건에 따라 다르지만, 일부 연구는 수력발전 저수지가 기후에 미치는 영향은 발전소에서 화석연료를 연소할 때보다 온실가스를 초과 배출할 수 있음을 보여주었다.

또한, 댐과 저수지 건설은 지진 활동을 유발할 수 있다. 전 세계적으로 보고된 100개 이상의 지진은 저수지와 연결되어 있다. 특히 2008년 5월 8만여 명이 사망한 중국 쓰촨성에서의 엄청난 지진이 포함된다.

컨설팅 기업 싱크 지오해저드의 연구원인 크리스천 클로제는《주요 단층대로부터 1mile 떨어진 지펑푸 댐 뒤쪽에 엄청난 양의 물이 축적되었고, 지각의 변형을 확대했다》고 말했다. 정부의 댐 건설 프로젝트가 7.9 등급의 지진을 야기시킬 수도 있었을 것이라는 것에 미국과 중국 과학자들의 많은 연구가 동의하고 있다. 2013년 똑같은 단층선 위의 진도 7.0 지진 또한 댐에 기인할 수 있다는 점이다.

댐 건설은 지리학적으로는 물론 경제에 부담을 주기도 한다. 2013년 옥스포드 대학교 연구팀은《개도국들이 전력 수요를 충족시키기 위해 수력에 의지하는 것은 도박이 될 수 있다》고 경고한다. 200억 달러 이상이 소요된 브라질의 이타이푸 댐은 1984년 가동되었을 때 약 240%의 비용 초과를 경험했다. 이러한 수치는 30년간 재정적인 부담으로 남았다. 1934년 이후 전 세계에 구축된 245개 댐에 대한 옥스퍼드대학의 조사는 댐의 건설을 위한 최종 비용이 당초 예산과 비교하여 두 배 이상 소요된 것으로 나타났다. 더욱이 프로젝트의 80%는 공사 계획을 지키지 못한 것으로 드러났다.

월스트리트 저널의 한 논평에서 〈수력발전이 평균 8.6년에서 10년 이상 걸리기 때문에, 이러한 프로젝트가 긴급한 에너지 위기를 해결해 주지 못한다. 오랜 건설 기간은 수자원의 유용성과 전기요금 사이의 변동성, 인플레이션, 정치 긴장 등에 취약하게 한다〉며 리스크를 강조했다. 결론은 원자력발전과 같이 댐을 건설함에 있어, 원가 초과와 공정 실패가 예외가 아니라 일반적인 내용이라는 것이다. 정부는 에너지 개발을 위해 풍력과 태양광과 같은 더 유연한 사회기반 시설을 선택하는 편이 낫다고 제안한다.

저성장 기조에도 불구하고, 새로운 수력발전은 확대될 수 있다. 튀빙겐대학의 크리스티안 자플과 베를린자유대학의 알렉산더 럼스돈이 이끄는 연구팀에 따르면 전 세계에서 제안되거나 건설 중인 프로젝트는 1MW 이상의 발전용량을 가진 3,700여 개의 댐으로 추산되며, 대부분 신흥국에서 추진 중이다. 이들이 모두 건설된다면 세계적 수력발전 능력은 현재 100만 MW에서 170만 MW로 증가할 전망이다. 대부분의 댐은 중소 규모 크기인 반면, 847개 대형 댐(100M 이상) 프로젝트의 발전용량은 전체의 93%를 차지한다. 국제에너지기구(IEA)는 수력발전이 2040년까지 70% 증가할 것으로 예측하고 있다. 이 성장률의 5분의 1은 중국에서 기대된다. 대략 200여 수력발전 프로젝트를 기획 중인 중국 남서부 지역에서의 발전 잠재력이 크다. 중국 외 지역에서는 남아시아와 라틴아메리카에서 건설 중인 수많은 소규모 프로젝트뿐만 아니라, 브라질, 파키스탄, 터키와 남부 사하라 사막에서 건설되는 대형 댐에서 발생할 것이다.

브라질은 아마존에서 수많은 댐을 건설하고 있다. 개발되고 있는 세 개의 대형 프로젝트 중 하나는 벨로 몬테 댐으로 14,000MW의 대규모 발전량을 가질 것이다. 계획된 많은 아마존 댐과 같이, 현지 지역사회를 변화시키고 믿을 수 없을 만큼 생물의 다양성을 파괴시키기 때문에 논쟁을 불러 일으킬 수 있다. 개발로 인한 아마존 숲의 손실과 댐으로부터의 범람은 수문학 차원에서 엄청난 영향을 가져올 수 있다. 아마존은 수문학적으로 일종의 펌프이면서, 대서양 연안으로부터 내륙의 수자원을 재활용하는 역할을 한다. 만약 숲 손실과 건조한 조건이 아마존의 수자원을 재활용할 능력이 약해질 정도까지 확산되면, 수력 잠재성이 감소할 뿐만 아니라 전체 생태계가 위태로워질 수 있다. 숲은 주요한 탄소 보고원에서 탄소 배출원으로 바뀔 수 있다.

수력발전 투자가 증가하는 것은 세계적인 현상이다. 예를 들어, 브라질과 인도의 기업은 전 세계 댐을 구축하고 있다. 한국 기업은 파키스탄의 수력발전 시설에 투자하고 있다.

하지만 어느 국가도 중국만큼 국제적으로 수력을 추진하지는 않고 있다. 댐 프로젝트는 1990년대 세계은행 같은 전통적인 다자간 개발 은행에 의해 추진되었으며, 현재는 중국에서 수십 개국 200개 이상의 수력발전 프로젝트에 참여하고 있다. 이는 NGO인 인터내셔널 리버스에 의해 집계된 수치이다. 이 중 절반의 프로젝트는 동남아시아에 있다. 예로서 2011년 라오스 정부는 남 오우(Nam Ou) 강 유역에만 7개의 프로젝트를 중국에게 허가했다.

중국 최대의 수력 개발자 중 하나인 삼협공사(China Tree Gorges Corporation)는 파키스탄, 미얀마, 라오스, 러시아에서 활발히 수력사업을 추진 중이다. 이 기업은 특히 해외 댐 건설 경험을 가지고 있는 많은 중국계 기업 중 하나이다. 중국 내 새로운 댐 시장이 포화되고 있어 삼협공사는 특히 바람과 태양으로 사업을 다각화 하고 있다. 이 기업은 2020년 풍력발전을 포함한 재생에너지로 20,000MW, 수력발전 70,000MW 규모까지 개발할 계획이다.

2014년 중국 기업은 아프리카 콩고 강에서의 대규모 수력 프로젝트 개발을 위해 스페인, 캐나다, 한국 등과 경쟁하였다.

1972년과 1982년 콩고민주공화국 서부의 잉가 폭포에 만들어진 두 댐, 잉가 1과 2는 대표적인 수력발전이다. 그리고 그랜드 잉가라는 신규 프로젝트는 40,000MW 규모의 엄청난 잠재력을 보유한 지역이다.

적절하게 이용될 경우, 콩고 강의 이 에너지는 아프리카 전력 생산을 대폭 확대할 것이다. 세계은행은 아프리카 개발은행 및 다른 금융기관이 이 지역의 생활수준을 높이기 위해 경제개발을 지원하는 방식의 하나로 수력 프로젝트를 고려하고 있다.

한편, 강 에너지는 재생가능하고, 전력이 부족한 지역에서 풍부하다. 그러나 다른 한편으로 인터내셔널 리버스와 같은 NGO는 그랜드 잉가 댐을 통한 전력이 콩고민주공화국의 사람들보다는, 멀리 떨어진 도시와 산업 지역으로 이동하게 됨을 지적한다. 이미 남아프리카공화국은 새 프로젝트의 첫 단계, 잉가 3댐에 의한 전력의 절반 이상을 구입하기로 계약했다. 그리고 땅의 침수, 사람들의 이주, 교통 수단의 단절을 포함하여 대규모 댐 개발과 관련된 부정적인 영향이 많다. 또 다른 우려는 잉가 1, 2댐이 제대로 유지되지 않았으며, 당초 예상보다 40%만큼의 전력을 생산하고 있다는 점이다. 세계은행은 지역 주민의 새로운 정착을 지원하고 있지만 이러한 노력은 지연되거나 비용이 초과되고 있다. 세계에서 가장 가난한 나라에서 세계에서 가장 큰 댐을 개발할 때 부패로 반복적인 홍역을 치르고 있으며, 또한 리스크가 크다.

레이첼 카이트 세계은행 부사장 겸 기후변화 특사가 지금으로부터 10년 전, 수력발전의 기여도에 대해 제기된 많은 의문들을 피한 것은 실수였다. 많은 개발도상국의 전력 수요를 고려할 때, 그는 수력에 대한 자금 지원이 정당화 될 수 있다고 생각했다. 이는 확실히 가능한 논리였지만, 태양광발전 비용이 수력보다 상당히 빠른 속도로 하락함으로써 이를 통해 저렴하고 환경을 보호하는 방향으로 개도국에 전력을 공급하는 것도 가능하게 되었다. 또한 확실히 금융 리스크가 작다.

세계은행이 더 긍정적으로 대형 댐을 고려하기 시작했지만, 지난 10년간 60% 이상의 수력발전 투자는 소규모 프로젝트를 대상으로 이루어졌다. 여기에는 저수지를 만들지 않고 흐르는 물로부터 터빈을 돌리는 방식이 포함되어 있다. 이러한 댐들은 작은 규모의 투자 자본을 필요로 하는 이점이 있다.

또한, 설계 작업은 비교적 간단하고, 저수지 개발 과정의 환경 영향과 지역 사회의 직접적인 이동 모두 피할 수 있다. 소수력 발전은 풀뿌리 수준에서 하루 전력 수요를 충족하고, 빈곤을 줄이고 경제성장에 도움이 될 수 있다.

소수력발전 개발의 선두 주자인 중국은 이미 수십 년 전에 개발을 시작했다. 총 설치용량은 249,000MW에 이른다. 이 중 65,000MW는 50MW 이하의 상대적으로 작은 45,000여 발전시설로 구성되어 있다.

강에 발전터빈을 추가하기 위한 많은 계획은 성과로 이어지고, 소수력의 영향은 명확해질 것이다. 많은 작은 댐들로 축적된 영향은 상당하며, 한 수자원 전문가는 이를 수많은 상처로 인한 죽음에 비유했다. 예로서 인도 북부에서 작은 댐의 범람은 홍수와 직결되어 있다. 베를린 라이프니츠 연구소의 클레멘트토크너는《우리는 수많은 소수력발전소가 자유롭게 흐르는 강에 영향을 미치는 것을 보고 있지만, 많은 전력을 제공하지 않고 있다》고 지적한다. 궁극적으로, 소수력은 특히 개도국에서 아직 전력을 공급받지 못하는 13억 인구와 전력을 불규칙하게 공급받는 또 다른 10억의 인구에게 큰 도움이 될 수 있을 것이다. 하지만 이는 신중하게 접근할 경우로 한정된다.

남은 하나의 질문은 소수력발전은 역사적으로 특히 국경을 건너 긴장을 악화시킨 댐이 이에 따른 부정적인 영향을 최소화할 수 있는지 여부이다. 중국은 수력발전의 대부분을 양쯔 강과 황하 지류에 크게 의존하고 있다. 그러나 이 지류는 또한 다른 국가의 중요한 강으로 연결된다. 2014년 11월 중국은 티베트 브라마푸트라 강에서 수력발전 프로젝트의 첫 단계를 완료했다. 중국이 강물이 하류까지 흐르는 것을 보장했지만, 개발 하류 지역인 인도와 방글라데시에게 긴장을 불러일으켰다. 인도는 수력발전 잠재력의 대부분을 미개발 지역인 히말라야 지역에서 찾고 있다. 중국도 뉴(Nu) 강(살윈Salween이라고도 함)의 수력발전 개발에 매진하고 있다. 티베트에서 시작하여 미얀마로 흐르는 이 강은 중국에서 가장 큰 강 중의 하나이다.

궁극적으로 미얀마, 라오스, 태국, 캄보디아, 베트남까지 흐르는 메콩 강 상류에 중국이 댐을 건설할 경우 약 6천만 명이나 강에 의존하기 때문에, 특히 하류지역 주민과의 관계를 강조하고 있다. 2012년 베트남 쯔엉 떤 상 주석은 홍수, 해수면 상승, 높은 파도, 해안 침식에 따른 영향을 강조했다. 물 흐름이 줄어들면 퇴적물 이동이 감소하여 세계에서 가장 생산적인 쌀 재배 지역 중 하나인 메콩 델타를 축소시킬 수 있으며, 식수 고갈로 이어질 수 있다. 상류에 댐이 더 많이 지어진다면 동남아시아 사람들이 단백질을 크게 의존하고 있는 물고기의 수도 줄어들 가능성이 크다. 동남아시아에서 가장 큰 호수인 캄보디아의 톤레사프가 대표적인 예다.

그러나 태국, 말레이시아, 중국, 베트남의 투자자들은 캄보디아, 라오스에서 추가로 댐 건설 지역을 찾고 있다. 수력발전량 대부분은 태국, 베트남으로 수출하고 단지 10%는 해당 국가가 차지한다. 그러나 NGO인 환경관리 인터내셔널센터에 의하면 태양광과 같은 재생에너지원의 개발은 수력 댐에 의한 전력 생산을 넘을 수 있다고 한다.

또 다른 댐 논쟁 지역은 6억 명 이상이 거주하는 나일 강 유역이다. 1929년 나일 강 하류의 이집트는 당시 동아프리카의 영국 식민지 정부와 조약을 맺었다. 1959년 이집트와 수단은 이집트가 나일 강의 75%, 수단이 25%를 차지하는 나일 워터스 계약을 체결했다. 나일 강 상류의 에티오피아는 제외되었다. 이집트에서 수단이 교차하는 곳 근처의 나일 강 지역은 2,100MW의 발전용량을 가지고 있는 아스완 하이 댐이다.

나일 강의 지류인 청나일에 그랜드 에티오피아 르네상스 댐의 저수지가 채워지면 이 아스완 하이 댐의 수력 발전용량은 감소될 수 있다. 아프리카에서 두 번째로 인구가 많은 에티오피아는 9,400여 명이 빈곤을 겪고 있음에도 이들을 위한 재정지출과 희생을 감수한 채 많게는 4배 이상의 비용이 예상되는 프로젝트에 10억 달러를 지출하고 있다. 그 목표는 이웃 나라에게 전력을 판매할 수 있도록 국가의 발전 설비용량을 세 배로 확대하는 것이다. 중국은 송배전망 구축을 위해 에티오피아에게 10억 달러를 지원했지만, 이집트는 이 프로젝트에 참여 중인 대부분의 국제 대출을 만류하고 있다. 또한 한국, 사우디아라비아, 인도 등은 나일 강 유역에서 토지를 임대해 농업을 수행하는 국가이다.

또한 상류 지역인 터키의 댐 건설은 이라크와 시리아의 물 부족을 더욱 악화시키고 있다. 2014년, 터키는 478개 수력 발전소를 건설했다. 또한 티그리스 강까지 443ft의 일리수 댐을 포함하여 160여 개를 건설 중이다. 이 댐은 남동 아나톨리아 프로젝트 중 하나로 전력 공급과 6,500평방마일의 토지에 관개 용수를 제공하기 위한 것이다. 불행하게도 이 저수지는 홍수로 12,000년 이상 거주했던 하산케이프를 포함하여 약 121평방마일을 범람시켰지만, 하류지역은 이와 반대로 물 부족을 겪었다.

북미에서, 다시 1800년대 후반으로 거슬러 리오 그란데 강과 콜로라도 강이 만나는 미국과 멕시코 사이에 수자원 배분에 관한 대화가 있었다. 1944년 당시 물 조약에 명시된 용도에 따르면 전력 생산은 먼저 자국 도시와 농업 및 축산에 이용된 후 가능하다. 자연을 위한 물은 조약 의무에서 제외된다. 콜로라도 강의 방향 전환과 댐은 바다에 도달하기 전 수년 내에 물의 흐름이 고갈되는 것을 의미했다. 2014년 처음으로 양국은 환경을 위한 물 공급 비중을 늘렸고, 이에 따라 강이 캘리포니아 만까지 도달할 수 있었다. 과학자들은 댐에서 주기적으로 방류할 경우 생태계를 복원할 수 있는지 확인하기 위해 이 지역을 모니터링하고 있다.

에너지 협력 프로젝트의 장점은 매우 명확한데, 이는 중앙아메리카에서 뚜렷하게 나타나고 있다. 코스타리카, 엘살바도르, 과테말라, 온두라스, 니카라과, 파나마는 최근 중앙아메리카 송배전 연결 시스템 ―하나의 지역 그리드에 자신의 국가 그리드를 연결한 1,100mile 길이의 고전압 라인― 을 완료했다. 이들 국가는 또한 콜롬비아, 멕시코와 전력을 거래할 수 있다. 특히 이 지역의 수력이 감소하는 것이 프로젝트 개발을 촉진하여, 이 전력시장의 확대로 이어졌다. 프로젝트의 일부는 미주개발은행이 투자하였다.

강을 제외한 또 다른 수자원 에너지는 조류와 파도를 이용하는 것이다. 파력 프로젝트는 유럽과 아시아에서 가장 활발한데, 아직 테스트 단계이다. 해안선을 가진 많은 국가들이 해양에너지를 활용하는 것을 고려하지만 큰 진전은 없다. 한국(254MW)과 프랑스(240MW)는 전 세계 조력발전의 약 90%를 차지한다. 캐나다, 중국, 영국이 나머지를 차지한다. 2014년 전 세계 조력발전용량은 530MW 규모이다.

독일의 지멘스는 전 세계적으로 조력발전에 의해 약 2.5억의 가구가 혜택을 볼 수 있을 것으로 추정하고 있다. 스코틀랜드에서는 펜틀랜드 해협의 조력을 활용해 1단계로 86MW를 설치할 계획이며, 잠재적으로 398MW까지 활용 가능한 것으로 추정하고 있다. 캐나다와 미국 에너지부는 메인 해안의 펀디만 입구에서 조력터빈을 실험하고 있다. 중국 정부는 상하이 근처에 가장 큰 조력 테스트를 추진하고 있다. 또 다른 해양에너지 프로젝트는 글로벌 항공사인 록히드 마틴 사와 건설할 예정인 10MW 수열온도차발전소를 포함한다. 이 기술은 따뜻한 표층수와 차가운 심층수 사이의 열 차이에 의해 터빈을 구동한다. 바다의 열 차이를 활용한 전력은 개발 초기 단계로 아직 비용이 많이 드는 프로젝트이지만, 해상풍력보다 낮아질 수 있다.

최근 관심을 얻고 있는 물을 이용한 에너지는 양수발전장치(pumped storage)이다. 이는 잉여전기를 통해 펌프로 물을 끌어올려 전력이 필요할 때 발전하는 방식이다. 전 세계 양수 발전용량은 130,000MW 규모이다. 유럽은 50,000MW 이상 설치되어 있으며, 향후 11,500MW 이상 추가할 계획이다. 이 중 일부는 노후 설비를 대체하는 프로젝트이다. 미국, 일본과 중국은 각각 양수 발전용량이 20,000MW 수준이다. 미국에서 제시된 프로젝트는 이 용량을 두 배로 확대하는 규모이다. 양수발전의 매력 중 하나는 풍력과 태양광 에너지의 변동을 상쇄하기 위해 거의 즉시 전력을 공급할 수 있다는 것이다. 이렇게 함으로써, 전력망에 연결된 풍력과 태양광발전의 확대를 모색할 수 있다.

요약하면 수력발전은 전 세계 전력의 약 6분의 1을 제공한다. 선진국의 경우 수력발전 댐이 포화상태에 있다. 하지만 수력발전 잠재력이 큰 개도국의 경우 다른 재생에너지원이 수력보다 저렴한 비용으로 공급될 수 있다. 태양광과 풍력발전 단가가 하락하기 전에 이미 많은 수력발전 개발 파이낸싱에 대한 역사적 결정이 이루어졌다. 사람들은 태양을 소유하고, 발전원을 제어하고, 개발 과정에 참여할 수 있다. 수력의 중요성은 현재도 계속되고 있지만, 대규모 댐 건설의 대부분은 과거의 일이다.

제9장

에너지전환의 가속화

석탄과 석유를 주요 동력으로 운영되는 현재의 에너지경제는 향후 점점 태양광과 풍력에너지 기반으로 변화해 나갈 것이다. 지난 20세기 세계는 탄광과 유전에 전적으로 의존해 왔다. 금세기 우리는 재생에너지로의 이행을 앞두고 있다.

이러한 대전환을 이끄는 요인으로는 몇 가지를 생각해 볼 수 있다. 먼저 경제적 측면에서의 추진력은 재생에너지의 비용 하락이다. 기술적 측면에서는 탄화수소 대신에 전자로 자동차를 달리게 할 수 있는 능력이다. 사회적 측면에서는 석탄과 원자력에 반대하는 시민의 목소리가 점점 커지고 있다는 점이다. 그리고 지질학적 제약으로 탄소를 풍부하게 포함하고 있는 화석연료를 땅속에서 추출하는 것이 점점 어려워지고 있다. 또한, 대기권을 유지하고 지구온난화로 인해 기후 상황이 불안정해지지 않도록 하는 탄소의 양에 한계가 있다는 것도 요인 중 하나로 생각할 수 있다.

이러한 전환 과정에는 다수의 이해관계자가 관련되어 있다. 환경단체, 최첨단 연구 대학, 선견지명이 있는 기업 및 정부 외에도 명확한 의사를 가지고 있는 투자자집단도 포함된다. 우리도 모두 이해관계자이다. 가장 넓은 의미에서는 보다 깨끗한 공기와 물을 마시고 보다 안정된 기후의 혜택을 받는 사람은 모두 에너지전환의 진전으로 승리자 편에 서게 될 것이다.

급속한 변화가 일상다반사가 되고 있다. 에너지경제의 지리학 자체가 변화하고 있는 것이다. 구 에너지경제에서는 세계는 석유에 전적으로 의존하고 있었고 그 석유의 대부분은 중동의 소수 국가들에 집중되어 있었다. 많은 석유수입국 입장에서 보면 에너지공급원이 지구 반대측에 있는 것이다.

금세기 세계가 태양광과 풍력 주도로 이행함에 따라 에너지경제는 로컬화되고 있다. 자신들의 전력 공급원이 바로 머리 위 지붕이라는 매우 가까운 곳에 위치하게 된 것이다. 소수의 기업과 국가들이 세계 에너지의 대부분을 생산하고 지배하는 것이 아니라 모든 장소의 사람들이 에너지 비즈니스에 관여하게 되고 자신들의 에너지 수요를 태양광 패널을 통해 충족하게 될 것이다.

특정 시대에서 다음 시대로 변화하는 대전환 시기에는 언제나 그렇듯이 승자와 패자가 생겨날 것이다. 비즈니스 측면에서 보면 태양광 패널과 풍력터빈 제조사 및 시공업자는 급속히 증가하고 있다. 예를 들어 태양광 패널시장은 연 평균 50%라는 눈부신 성장세를 보이며 확대되고 있다. 태양전지 가격이 지속 하락함에 따라 전력시장은 큰 변화를 앞두고 있다. 태양광 패널이 만들어낸 전력이 계통전원의 평균 비용을 크게 하락하여 절반 혹은 그 이하인 지역이 늘어나고 있다. 석탄과 같은 종래형 에너지원은 패배를 경험하고 있다. 록키마운틴연구소의 아모리 로빈스가 강조하듯이《재생에너지의 이용을 의무화하는 제도와 탄소거래의 출현을 무시하고 새로운 석탄화력발전소를 발주하는 것은 마치 자동차의 등장으로 말똥오염이 해소되기 시작한 런던에서 마차 제조업자를 매수하는 것과 같은 것》이다.

대전환은 도시 내 변화를 유발한다. 즉, 20세기 선진국의 생활, 특히 미국의 생활을 지배했던 자동차에의 전면적인 의존에서 탈피하는 것이다. 자동차 대신에 자동차 공유, 자전거 공유 그리고 걸으면서 생활할 수 있는 동네 만들기 등으로 관심사가 변화할 것이다. 곳곳에서 스마트 도시교통계획은 자동차가 아니라 인간에게 초점을 맞추고 버스와 지하철, 통근전차의 활용을 촉진시킬 뿐만 아니라 자전거 전용 선로와 보도, 자전거 및 보행자 전용도로를 체계적으로 확대해 나갈 것이다.

자동차의 필요성이 감소하고 전 세계 자동차업계가 내연기관 엔진보다 효율이 3배 좋은 전기모터로 이전함에 따라 석유시장은 축소되어 갈 것이다. 일찍이 유전과 정제소를 연결한 파이프라인은 언젠가 그 가치를 잃고 석유정제소는 낡고 효율이 낮은 곳부터 폐쇄되어 점차 사라질 것이다. 거리 곳곳에 위치한 주유소는 전기자동차용 배터리 충전소로 모습을 바꿀 것이다.

정부 정책은 여전히 에너지전환의 중요한 요소이다. 정부는 탄소 제로의 재생에너지로의 이행을 지원하기 위해 몇 개의 대표적 정책수단을 활용해 왔다. 그중 대표적인 것이 고정가격매수제도(FIT)이다. 이것은 통상 재생에너지 생산자(지붕에 설치한 태양광시스템 소유자에서 대규모 풍력사업자까지)에게 송전망에의 접속과 발전한 전력에 대해 장기 매수가격을 보증하는 것이다. 2014년 초 시점에서 많은 EU 국가들을 포함한 약 70개국이 재생에너지 투자를 장려하기 위해 FIT를 이용하고 있다. 인도에서는 중앙정부 차원의 제도에 더해 14개 주에서 주 차원의 FIT가 시행 중이다. 구자라트 주의 경우, 2009년 시행된 FIT가 동 주의 광범위한 "태양광발전정책"의 주요한 정책이고 이로 인해 인도의 대표적인 태양광 주라는 영예도 얻게 되었다. 2014년 전반 시점에서 구자라트 주는 825,000세대에 전력을 공급할 수 있는 태양광 발전용량을 보유하고 있다.

정부의 여타 지원시책으로는 특정 발전량을 재생에너지에서 얻도록 의무화하는 조치가 있다. 재생에너지 이용비율 기준(RPS) 혹은 재생에너지 이용할당이라고도 불리는 이 정책은 20여 개국에서 중앙정부 차원의 제도가 시행되고 있다. 세계 각지의 50이 넘는 주와 성에서 이 제도가 도입되었고 그 중에는 인도의 15개 주, 미국의 29개 주와 워싱턴 D.C.도 포함되어 있다. 현재, 주 전력의 25% 이상을 풍력으로 얻고 있는 아이오와 주는 1983년에 전 세계 처음으로 RPS관련 제도를 제정했다.

미국의 RPS제도는 일반적으로 판매전력 중 10~40%를 재생에너지원에서 얻도록 전력사업자에게 의무화하고 있으며 그중 높은 비율을 정하고 있는 곳이 캘리포니아 주와 하와이 주이다. 캘리포니아 주 브라운지사는 2015년 초 연두연설에서 캘리포니아가 재생에너지 전기의 조달의무를 '2020년까지 33%'에서 '2030년까지 50%'로 증대하는 방안을 발표했다.

세금공제도 태양광 및 풍력발전의 보급을 지원하기 위해 사용되고 있다. 역사적으로 보면 미국의 풍력발전 설비용량은 kWh당 약 2센트의 생산세액 공제가 있었던 시기에 급증하였고 연방의회가 세액 공제를 폐지하자 급감하였다. 또한 태양광발전에 대해서는 주택과 상업시설 지붕에 시스템을 설치할 때에는 설치 비용의 30% 상당의 투자세액을 공제하는 조치가 최근 태양광발전을 급속히 보급시키는 촉진제가 되었다. 이외에도 36개 국가에서 중앙정부 차원의 재생에너지에 대한 생산세 혹은 투자세를 공제하는 제도가 시행 중이다.

이와 같은 재생에너지 추진정책으로 오랜 기간에 걸쳐 보조금을 받고 인위적으로 가격이 하락된 화석연료와 공평하게 경쟁할 수 있는 환경이 조성되고 있다. 탄소에 적정 가격을 매기고, 석탄, 석유 및 천연가스 연소의 진정한 사회적 및 경제적 비용을 보다 정확하게 전달한다면 에너지전환은 보다 빠른 속도로 진전될 것이다.

탄소에 정확한 가격을 매기는 것은 시장에 대해 강력한 신호를 보내는 것이며 의사결정권자를 보다 지속가능한 선택지로 유인하는 효과를 발휘한다. 화석연료가 사회에 초래하는 모든 비용을 연료가격에 반영시킨다면 어느 정도의 효과가 있을지 상상해보길 바란다. 경관의 파괴에서 물과 공기의 오염, 기후변화에 이르기까지 화석연료에의 의존이 막대한 비용을 동반하고 있다는 것을 우리는 알고 있다.

탄소에 가격을 매기는 것은 탄소세, 캡앤트레이드제도, 또는 이 두 가지를 조합한 제도를 실시한다는 것을 의미한다. 캡앤트레이드제도 하에서는 규제당국이 배출량에 한도를 설정하게 되며, 오염배출자는 자신들의 배출량을 감축할 수도 있으며 탄소시장에서 배출권을 구입하는 것도 가능하다. 가격은 시장에 의해 결정되게 된다.

대조적으로 탄소세는 훨씬 간단한 수단으로 배출된 CO_2 1톤 단위로 과세하는 것이다. 탄소세는 유정, 채굴현장 및 화석연료가 가공 혹은 사용되는 장소에서 적용할 수 있다. 탄소세부과로 확보된 세수는 환경부하가 적은 클린에너지 및 에너지효율화 사업에 사용될 수도 있으며 노동에 대한 과세를 줄여서 상쇄하는 것도 가능하다. 또한, 분담금의 형태로 직접 소비자에게 환부하는 것도 가능하다. 돈을 국민에게 환부하는 방법은 대부분의 가정, 특히 저소득세대를 탄소세 부과로 이전보다 금전적인 면에서 유리하도록 지원하게 된다.

탄소세는 시장 실패를 시정하는 방법으로 경제학자들 사이에서 폭넓은 지지를 받고 있다. 조지 부시 전 대통령 시절 경제자문위원회 위원장을 역임한 맨큐 교수는 〈소득세를 줄이고 가솔린세를 인상시키면 경제성장을 가속화시키고 교통체증을 완화하여 도로를 보다 안전한 것으로 만들 수 있을 뿐만 아니라 지구온난화 리스크를 저감할 수도 있다. 이것들은 모두 장기적인 정부의 지불능력을 위협하지 않고 실현할 수 있다. 이 이상으로 경제학이 제공해야 할 '고마운 것'이 있을까〉라고 까지 쓰고 있다. 로렌스 서머즈 전 미국 재무장관은 2015년 파이낸셜 타임즈지 투고에서 미국 내 탄소세를 제창하고 있고 CO2 1톤 당 25달러(가솔린 1L당 6.6센트)에서 시작하여 세수는 인프라 개선과 노동세 공제로 사용하는 방안을 발표했다.

2014년 5월 세계은행 보고서에 따르면 약 40개국이 중앙정부 차원에서 탄소에 가격을 매기는 제도를 도입했거나 도입을 계획 중에 있다. 이들 제도는 통상 1개 이상의 경제부문을 대상으로 하고 있으며 전력부문과 공업부문은 거의 모두 포함되어 있다. 세계은행이 파악한 바로는 23개의 지방관할구가 탄소에 가격을 매기고 있다. 예를 들어 중국에서는 지역 수준에서 7개의 캡앤트레이드 시범사업이 이미 진행 중에 있다. 중국이 계획한 중앙정부 차원의 캡앤트레이드제도를 2016년에 본격적으로 시행하면 전 세계 탄소 배출량의 약 4분의 1에 가격이 매겨지게 된다.

탄소에 가격에 매기는 것에 대해 비판적인 사람들은 흔히 '탄소세와 캡앤트레이드제도가 경제적인 부담을 가중한다'고 경고하지만 많은 사례들은 정반대 결과를 보여주고 있다. 아일랜드는 2010년에 천연가스와 석유 소비에 대해 탄소세를 도입하였고 이로 인해 동 국의 온실효과가스 배출량의 약

40%가 그 대상이 되었다. 2013년까지 경제는 성장했음에도 불구하고 배출량은 약 6% 감소하였다. 동년 5월 아일랜드는 탄소세 가격설정의 대상을 확대하고 토탄과 석탄을 포함시켰다. 에이몬 라이안 전 에너지부장관은 이러한 상황을 《우리는 단지 세수를 대폭 늘리고 행동을 바꾸는 가격신호를 만들었을 뿐입니다. 우리는 현재 스스로 가정한 여러 환경상 목표를 크게 상회하고 있습니다》라고 평가했다.

캐나다의 브리티시컬럼비아 주는 2008년 CO_2 1톤 당 10달러를 과세하는 탄소세를 전 지역을 대상으로 시행하고 2012년 1톤당 30달러로 인상시켰다. 제도설계상, 이 세수는 세수 중립적이다. 소득세와 사업세 등을 감면하여 화석연료 가격 상승분을 상쇄하고 있는 것이다. 탄소세를 시행한 이래 브리티시컬럼비아 주 석유 상품의 1인당 소비량은 15%(전국 평균치의 약 3배) 감소했지만 경제는 국내의 여타 주와 유사한 속도로 성장세를 지속하고 있다.

미국에서는 지구온실효과가스 이니셔티브(RGGI)의 캡앤트레이드제도에 참가하고 있는 북동부와 중부대서양 연안의 9개 주가 제도가 시행된 2009년 이후 전력부문 CO_2 배출량이

18% 감소한 것으로 나타났다. 같은 기간 중에 이들 9개 주 전체 경제 성장률은 배출량 삭감이 불과 4%였던 나머지 41개 주를 상회하였다. 만약 RGGI 참가주가 배출분에 대한 옥션으로 취득한 수입의 대부분을 효율화 대책에 사용한다면 2020년까지 80억 달러의 경제적 편익을 얻을 수도 있다.

실제, 에너지효율화에 대한 투자는 전반적으로 경제적으로 유리한 선택이다. 태양광 및 풍력에 의한 전력이 화석연료와 원자력에 대해 점점 가격경쟁력을 확보하게 된 것은 분명히 마음을 들뜨게 하는 것이지만 새롭게 발전용량을 증설하는 것보다 에너지효율화에 투자하는 것이 전체적으로 보면 저렴한 선택이다. 국제에너지기관(IEA)의 보고에 의하면 1970년 이후의 에너지효율화정책으로 가맹국 11개국(호주, 일본, 독일, 미국 등)이 절약한 에너지 비용은 7,400억 달러 이상(2011년 기준)으로 추정된다.

조명, 건물, 전기제품, 공업, 운송 등 주요 에너지 소비 부문에서는 에너지 절약의 잠재성은 매우 크다. 예를 들어 조명은 세계 전력 소비량의 약 20%를 차지하고 있다. 만약 전 세계 전구를 종래의 백열전구에서 이보다 전력 소비량이 75%

적은 전구형 형광램프로 교체한다면 석탄화력발전소를 약 270기 폐쇄하는 것도 가능할 것이다. 이러한 전환은 이미 시작되었다. 더욱더 진전되어 백열전구를 발광다이오드(LED)로 교환하면 전력 소비량을 최대 90% 삭감할 수 있다. 이것은 100W 백열전구 1개를 LED 전구 1개로 교환하면 백열전구를 수명대로 사용하지 않고 얻어진 에너지로 도요타의 하이브리드차 프리우스를 타고 뉴욕에서 샌프란시스코까지 갈 수 있다는 것을 의미한다.

세계에서도 가장 역동적인 에너지효율 기준 제도는 일본의 톱러너방식이다. 1999년에 도입된 이 제도의 핵심은 현 시점에서 시판되고 있는 제품 중에 효율이 가장 높은 것이 그 이후에 판매되는 제품의 기준이 된다는 점이다. 일단 새로운 기준이 설정되면 기업은 3년에서 10년 이내에 그 기준을 충족하도록 되어 있다. 기술 개발을 통해 각각 22%에서 99%의 효율 향상이 확인되었다. 예를 들어 2005년과 2010년에 일본에서 판매된 냉장고를 비교해 보면 에너지효율이 43% 높아졌다. 2014년 후반 시점에서 톱러너제도의 대상에는 에어컨, 컴퓨터, 가전제품, 상업용 모터, 조명기구에서 나아가 경승용차, 트럭을 포함한 30기기가 포함되어 있다. 일본에서는 톱러너

방식으로 10년 이상 전부터 에너지효율화가 촉진되고 있기 때문에 전 세계 소비자가 일본의 자동차, 가전, 전자제품 브랜드를 듣고 "고효율"을 떠올리는 것도 이상한 일은 아니다.

정부가 화석연료 사용량을 줄이기 위해 야심 찬 계획을 세운 국가도 있다. 예를 들어 인도는 효율이 떨어진 디젤과 송전망으로 연결된 전력으로 움직이는 관계용 펌프 2,600만 대를 태양광 펌프로 교환하려 하고 있다. 그렇게 하면 정부는 수십억 달러의 연료 전력 보조금을 절약할 수 있다. 이 계획은 참가를 희망하는 농가에 대해 효율이 높은 관계 시스템으로의 교체를 의무화하고 있으며 그것은 결과적으로 화석연료와 물 모두의 사용량을 줄일 수 있게 된다. 이들 펌프는 1년에서 4년 정도의 기간에 초기 투자금을 회수할 수 있을 것으로 예측되고 있다. 탄소를 전혀 배출하지 않고 물 효율이 높은 관계용 펌프로의 대대적인 전환은 새로운 에너지경제를 구성하는 중요한 부분이 될 것이다.

인도 정부는 국영기업(화석연료산업 및 수력발전산업도 포함)에 의한 태양광발전사업 투자를 촉진시키고 있다. 대규모 태양광발전 시설 조성은 규모의 경제를 유발시켜 태양광발전

비용은 더욱 하락할 것이다. 그중 하나인 세계에서 석탄을 가장 많이 채굴하고 있는 인도 석탄공사는 2014년 후반 안드라 프라데시 주, 텔랑가나 주 등에서 1,000MW급 태양광프로젝트를 추진할 것을 표명했다. 그리고 국영기업인 태양광 에너지 코퍼레이션 오브 인디아 사와 협정서를 교환하였고 후자가 발전소의 건설, 운영, 유지를 담당하기로 했다.

2,900만 인구를 보유한 사막 국가로 석유수출국인 사우디아라비아마저도 풍부한 일사량을 적극 활용하려는 계획을 추진 중이다. 만약 가동, 건설 및 계획 중인 41,000MW급 태양광발전소가 가동하게 된다면 사우디아라비아는 자국 전력의 3분의 2를 태양광에서 얻을 수 있게 된다.

에너지전환을 주도하는 EU 국가 중에는 좀 더 적극적으로 미래를 내다보는 곳도 있다. 2014년 시점에서 전력의 39%를 풍력에서 얻는 덴마크는 그 비율을 2020년까지 50%로 확대시키는 것을 목표로 삼고 있다. 2035년까지는 국내 모든 전력과 열을 재생에너지원에서 얻을 수 있게 된다. 그리고 2050년 목표는《운송에너지를 포함한 모든 에너지를 재생에너지로 조달한다》는 것이다. 전력 순수출 지역인 스코틀랜드에서는 재생에너지가 전력의 약 30%를 차지한다. 2020년 목표는 전력 사용량의 100%에 상응하는 양을 재생에너지로 발전하는 것이다.

현재 전력의 17%를 풍력으로 발전하고 있는 아일랜드는 2020년까지 42%를 재생에너지원으로 그리고 그 대부분을 풍력으로 발전한다는 계획을 가지고 있다. EU 최대 경제국인 독일은 2013년에 25%였던 재생에너지원으로부터의 전력 비율을 2025년에는 최소 40%로 그리고 2050년에는 80%까지 늘리는 목표를 세웠다.

많은 도시가 재생에너지에 대해 의욕적인 목표를 내걸고 있는 한편, 중앙정부도 대담하게 화석연료의 단계적 폐지를 위해 행동할 수 있도록 모범을 보이는 경우도 있다. 예를 들어 샌프란시스코는 2020년까지 폐기물 제로경제로 이행함과 동시에 시내 모든 전력을 재생에너지로 충당하는 계획을 추진 중에 있다. 뉴질랜드의 웰링턴은 2020년까지 도시 전력의 최소 78%를 재생에너지로 충당하려 하고 있다. 독일의 뮌헨은 2025년까지 100%를 목표로 하고 있다. 파리는 2020년까지 총 전력 수요의 25%를 재생에너지를 활용하여 충당하는 계획을 수립했다.

　주 차원에서도 에너지전환이 착실히 진행되고 있다. 독일에서는 현재 4개 주가 전력의 절반 이상을 풍력에너지에서 얻고 있다. 미국 내에서는 텍사스 주, 캘리포니아 주, 아이오와 주, 그리고 사우스다코타 주가 풍력발전에서 리더십을 발휘하고 있다. 일본 후쿠시마현은 2011년 원전 사고에서 아직 복구가 진행 중이나 해양풍력의 발전용량 1,000MW 개발 건을 포함하여 2040년까지 전력과 열을 100% 재생에너지로 충당하는 방안을 발표하였다.

　중국에서는 2014년 중반 시점에서 3개의 성과 3개의 대도시가《2017년까지 석탄 소비량을 대폭 삭감하고 이제까지의 흐름을 반전시키고자》하는 자발적 목표를 제시했다. 톈진은 19% 삭감, 중경은 21% 삭감, 북경은 50% 삭감 등이 대표적이다. 이러한 삭감 노력으로 중국은 2020년까지 석탄 소비량을 억제한다는 국가 목표를 조기 달성할 가능성도 있다.

　중국에서 계획되고 있는 석탄 소비 감축량은 막대하고 전례가 없는 규모이지만 그 전환의 계기는 '대기오염의 영향'

으로 매우 명확하다. 고령자와 어린 아이들, 호흡기 및 심장질환 환자 등 많은 사람들에게 오염의 영향이 너무 광범위해서 호흡하는 것이 문자 그대로 '목숨과 직결'되어 있다. 북경은 오염수준이 안전수준을 크게 상회하여 미디어가 "대기의 암시록"이라고 부를 정도로 심각한 사태를 몇 번이나 겪었다. 대기오염 관련 데이터가 인터넷을 통해 손쉽게 입수 가능하게 되자 석탄 사용량 삭감에의 압력이 더욱 강해지고 있다. 그린피스 차이나는 이 상황을 총괄하여 다음과 같이 언급하고 있다.《시민은 돈으로 환산할 수 없는 생활의 질, 즉 아이들을 위한 보다 깨끗한 공기, 보다 건전한 미래를 요구하기 시작했다. 중국의 각 도시에서 정말로 하늘이 깨끗해질 때까지 어느 정도의 시간이 필요할지는 이러한 변화를 요구하는 사람들에게 달려있다.》

중국의 다양한 입장의 사람들이 호흡이 위험을 유발하는 듯한 거리에 사는 것에 대해 불만을 느끼고 에너지 분야에서의 변혁을 요구하고 있다. 대기 질의 개선과 기후 안정화 양쪽을 의도한 신규제로 인해 이제까지의 방식인 석탄을 계속 태우는 것이 더욱 어려워지고 있다. 사우스 차이나 모닝 포스트지는 2014년 7월 중국의 석탄광업 관련 금융채권이 석탄사용

감소로 채무불이행 우려가 표면화되고 있다고 전하고 있다.

은행도 에너지전환에 관여하는 것이 큰 이익을 낳을 가능성이 있다는 것을 인식하기 시작했다. 모건 스탠리 사와 골드만삭스 사 등의 대규모 투자기관은 수백 억 달러 규모 투자를 재생에너지에 쏟아붓고 있다. 골드만삭스 사에서 관련 분야 투자를 총괄하고 있는 스튜어트 번스타인은 재생에너지가 주목을 받고 있는 상황에서 '시대가 전환하는 순간'에 대해 언급하였다. 장기적인 관점에서 보다 클린한 에너지미래로의 전환에 투자하는 것은《사회적으로도 중요한 것이고 우리에게도 그리고 우리의 고객에게도 좋은 비즈니스가 될 것이다》라고 강조했나.

억만장자들이 탄소 배출 제로에너지에 깊숙이 관여하고 있다는 것도 에너지전환에 있어 든든한 추진력이 되고 있다. 이러한 집단 중에서도 가장 대표적인 워런 버핏은 2014년 초까지 태양광 및 풍력에너지 개발에 약 150억 달러를 투자했다. 2015년 완성 시점에서는 세계 최대인 미국 캘리포니아 주거대 태양광에너지복합시설도 그 대상 중 하나였다. 2014년 6월에 버핏은《향후 150억 달러를 투자할 준비가 되어 있다》

고 발표했다. 태양광에너지에 투자하고 있는 또 한 사람은 테드 터너다. 그는 서던 파워 사(대량으로 석탄을 사용하고 있는 에너지기업, 서던 컴퍼니 사의 자회사)와 손잡고 태양광발전소 7곳을 매입했다. 터너는 풍력에 투자할 가능성에 대해서도 검토하고 있다.

덴버를 거점으로 하는 필립 안슈츠는 석유와 가스로 수십억 달러의 자산을 이룬 인물이지만 와이오밍 주 중남부에 세운 3,000MW급 풍력단지 공사 외에 풍력으로 발전한 전력을 캘리포니아 주, 애리조나 주, 네바다 주로 약 1,100km 이상 운반하는 송전망 건설에도 관여하고 있다. 풍력자원은 풍부하지만 인구가 불과 58만 명인 와이오밍 주의 풍력발전개발자에게 캘리포니아 주 3,800만 명의 주민은 매우 매력적인 부분이다.

동 세대 중에서 가장 성공한 기업가의 한 사람으로 뉴욕 시장을 세 번 역임한 마이클 블룸버그도 전환의 가속화를 지원하고 있다. 2011년에는 시에라클럽의 탈석탄 캠페인에 5천만 달러를 기부하고 석탄화력발전소를 폐쇄시키는 활동을 강력히 지지하였다. 그러나 비즈니스 업계에서의 블룸버그의 위상을 고려하면, 금액 자체보다 이를 뒷받침한 상징적인 주장이 보다 중요하다. 블룸버그가 '석탄은 폐지해야 한다'고 말하면 사람들은 주의 깊게 듣게 될 것이기 때문이다.

또한, 무당파 블룸버그는 같은 억만장자로 민주당원인 톰 스테이어와 조지 부시 정권에서 재무장관을 역임한 공화당원 헨리 폴슨과 협력하여 기후변화에 따른 경제적 리스크의 정량화를 위해 「리스키 비지니스」라는 이름의 프로젝트를 주재했다. 전 헤지 펀드 매니저로 기후활동에 전념한 스테이어는 기후변화 부정론자에 대해 반론하기 위해 전미 규모의 기후교육 캠페인을 벌였다. 그렇게 함으로써 탄소제로인 재생에너지로의 전환을 위한 총력 태세를 보다 확고히 하였다.

재생에너지로 전환한 기업은 절약이라는 혜택을 얻고 있다. 많은 세계적 기업이 자사 시설에 배출량 제로인 태양광발전을 설치하고 전기료를 억제하고 있다. 거대 통신기업인 버라이존 사는 2014년 캘리포니아 주, 메릴랜드 주, 매사추세츠 주, 뉴저지 주, 뉴욕 주에 있는 자사 시설 8곳에 합계 10MW 태양광 발전시스템을 설치했다. 이 4천만 달러 투자로 동 사가 2013년에 자사 부지 내에 에너지사업을 시작한 이래 설치해

온 태양광발전 설비용량은 거의 2배 증가했다.

미국 최대 소매업체인 월마트 사도 점점 전진하고 있다. 2014년 후반까지 동 사는 미국 내 자사 건물에 태양광 발전시스템을 약 260기 설치했다. 시스템 1기 발전량은 각 시설의 전력 공급량의 10~30%에 상응한다. 동 사의 목표는 향후 4년간 미국 내 자사 시설에 최대 400기의 태양광 발전시스템을 설치하는 것이다. 2014년 5월, CEO인 빌 사이몬은 월마트 사의 태양광에너지 도입 움직임을 다음과 같이 설명했다.《이것은 비즈니스상의 결정이다. 우리의 재생에너지 구입 금액은 송전망에서 조달하는 전력의 가격과 같거나 그것보다 저렴하다.》월마트 사는 자사 재생에너지와 에너지효율화 목표 대상을 해외사업까지 확대함으로써 2020년까지 에너지 절약을 통해 연간 10억 달러의 수익을 얻을 것으로 추정하고 있다.

미국 환경보호청(EPA)은 분기마다 환경 친화적인 전력을 사용하는 기업, 학교 및 지자체 순위를 공표하고 있다. 2014년 후반에 발표된 상위 5개 기업은 인텔, 콜즈 백화점, 마이크로소프트, 구글, 월마트였다. 자사 전력 수요 모두를 충족할 정도의 전력을 재생에너지원으로 발전 및 조달한 기업 및 기관은 600여 개가 있고, 그중에는 인텔, 콜즈 백화점, 스테플즈, 유니레버 등이 이름을 올렸다. 애플 사도 뒤쳐지지 않고 90%를 넘는 비율을 보이고 있다.

구글 사가 비교적 최근에 시행한 재생에너지 투자인 캘리포니아 주 남부 82MW급 태양광발전은 에너지전환과 관련하여 시사하는 바가 크다. 이 태양광 프로젝트가 설치된 장소는 생산량 급감으로 채산성을 잃어버린 현재 미사용 석유 가스 유전이다. 따라서 이 약 2.8 km² 의 용지에서는 유전 채굴장치가 삐걱삐걱 소리를 내면서 공급량이 줄기 시작한 석유를 채취하는 대신 태양에너지를 탄소 제로 전력으로 조용히 전환하는 태양광 패널이 머지않아 주역이 될 것이다.

재생에너지 사용을 늘리고 있는 대규모 제조회사 중 하나가 항공우주업계 거대기업인 보잉 사다. 동 사가 사업전체에서 사용하는 전력의 절반 가까이가 수력발전을 포함한 재생에너지원에 의한 것이다. 미국 사우스 캐롤라이나 주 노스 찰스턴에 있는 동 사의 시설에서는 항공기 조립공장건물 지붕에 설치한 약 4만 m² 의 태양광발전과 그린 전력증서 구입으로 필요한 전력의 100%를 충당하고 있다.

재생에너지를 사용하고 있는 또 다른 대기업은 건물의 효율화와 자동차 내장과 부품기술을 제공하는 글로벌 기업, 존슨콘트롤즈 사다. 동 사는 전력의 20% 가까이를 재생에너지원에서 얻고 있다. 자사에서 보유하는 차량도 효율이 좋은 하이브리드차와 전기자동차로 교체되고 있다. 이를 통해 2013년에는 연 140만 달러의 연료비를 절약하였다.

EPA는 재생에너지의 장기 계약을 맺은 기업 및 기관의 리스트도 공표하고 있다. 구체적으로는 그 대부분이 풍력발전에 의한 것이다. 이들 구입 계약의 장점은 기업측은 전력을 보증된 저가격으로 구입할 수 있다는 것이다. 그린 전력 구입에 적극적인 기업 및 기관 중에 구글이 있다. 동 사는 아이오와주와 오클라호마 주의 풍력발전과 20년간 계약을 체결하여 1년 당 7억 2천만 kWh의 전력을 확보했다. 또한 일리노이 주 정부도 그린 전력을 1년당 약 5천만 kWh구입하는 10년 계약을 체결했다.

에너지전환 리더를 자부하는 오클라호마대학은 전력 소비량의 4분의 3을 재생에너지로부터 충당하고 있다. 이 때문에 오클라호마 주의 풍력발전단지 근교에서 101MW의 오클라호마대학 스피릿 풍력발전단지 건설이 추진되었다. 오클라호마주립대학도 현재 대학 소비전력의 71%를 풍력발전단지에서 얻고 있다. 동쪽으로 눈을 돌리면 전미 최대급 대학인 오하이오주립대학이 대학 내에서 사용하는 전력의 23%를 환경 친화적인 에너지원으로부터 조달하고 있다. 동 대학의 목표는 "탄소 중립적인 캠퍼스"를 구현하는 것이다.

각국 정부는 필요한 정책을 만들 뿐만 아니라 자신이 대규모 에너지소비자이기도 하다. 미국 정부는 50만 동 가까운 건물을 사용하고 있으며 약 60만 대의 자동차도 보유하고 있다. 미국 정부가 재화 및 서비스에 지출하고 있는 금액은 연간 약 5천억 달러로 전미 제일의 소비자이기 때문에 그 구매력을 활용하여 에너지전환을 가속화시키는 것이 가능하다. 다양한 규제에 의해 건물, 자동차, 전자기기 구입시에 일정 효율 기준에의 접합이 의무화되어 있다. 이를 통해 에너지 절약뿐만 아니라 납세자의 돈도 절약되었다.

2013년 12월 버락 오바마대통령은《2020년까지 연방정부 사용전력의 20%를 재생에너지원에서 얻도록 의무화하겠다》고 표명했다. 이는 이전의 목표였던 7.5%의 거의 3배 수준이다. 오바마 대통령은 이전 행한 의회연설에서 에너지전환의 경제적 및 지정학적 중요성을 인식하고 다음과 같이 강조하였다.《클린한 재생에너지에 의한 전력을 사용하는 국가가 21세기를 리드할 것이다.》그러나, 자국경제를 고에너지효율 체제로 바꾸려는 시도를 대대적으로 하는 국가는 중국이다. 미국은 태양광기술을 발명했지만 태양광 패널 생산에서는 독일과 일본 등에 뒤쳐지고 말았다. 새로운 플러그인 하이브리드자동차는 미국의 조립라인에서 제조되지만 그 차는 한국제 배터리를 장착하여 달리게 된다.

미국 정부는 자동차제조사 전체에 대해 연비 향상을 의무화하였기 때문에 시장도 이에 영향을 받았다. 2013년 신차의 평균 연비는 1L당 약 10km였다. 이것이 법적 의무화됨에 따라 2025년에는 1L당 약 23km로 12년간 배증될 것이다. 연비 상승에는 하이브리드차와 전기만으로 달리는 전기자동차의 판매가 증가함에 따라 유발되는 측면도 있을 것이다. 전기로 달리는 자동차로의 전환을 보다 촉진시키기 위해 미국은 수많은 지원책과 함께 전기자동차와 플러그인하이브리드 전기자동차(PHEV)의 구입을 장려하기 위한 최대 7,500달러의 연방세 공제를 실시하고 있다. 추가적인 세액공제 제도가 있는 주도 있으며 이 경우 혜택은 더욱 커진다.

전기자동차 부문에서 뒤쳐진 중국은 현재 대규모 지원 책을 계획하고 있다. 전기만으로 달리는 전기자동차의 2013년 총판매량은 불과 14,600대이고, 플러그인하이브리드 차는 3,000대 수준에 불과했다. 그러나 향후 수년 안에 적어도 12차종의 전기자동차가 시장에 새롭게 투입되기 때문에 중국 내 판매 대수는 크게 증가할 것이다.

전기자동차 보급 측면에서 가장 진전된 노르웨이에서는 2013년 자동차 총판매량에서 전기자동차가 차지하는 비율이 6%를 상회하였다. 네덜란드에서는 정부가 전기자동차의 구입에 10~12%의 감세조치를 시행한다든지 400곳 이상의 충전소를 지원하거나 해서 총판매 대수 대비 전기자동차 비율은 4%로 증가하였다. 프랑스는 연비가 저조한 자동차에 과세하는 세금을 활용하여 전기자동차 구입 시 보조금의 재원으로 활용하고 있다. 프랑스에서는 EU가 지원하는 시범사업의 일환으로 곧 신간도로 주변 200곳에 충전소가 신설될 예정이다.

최종적으로는 전기자동차와 플러그인 하이브리드차는

종래형의 가솔린차와 디젤차가 우세적인 상황을 위협하게 될 것이다. 그리고 그것은 많은 사람들이 생각하고 있는 것 이상으로 빠른 시기에 실현될 가능성이 있다. 글로벌 금융서비스기업인 UBS 사의 예측에 의하면 2020년에는 배터리 비용이 반감하고 전기자동차는 종래형의 자동차와 비용면에서 경쟁이 가능하게 된다. 연료비는 연간 최대 2,400달러 절약될 수 있는 만큼, 전기자동차가 선택될 것은 명확하다.

태양광발전의 경제성 향상도 전기자동차의 미래와 연관 지어 생각할 수 있다. UBS 사는 축전지와 가정용 태양광 발전시스템 비용이 하락하면 〈EU 대부분의 지역 소비자에게 지붕형 태양광발전과 축전지와 전기자동차의 조합이 월등히 매력적인 것이 될 것이다〉라고 예측하고 있다. 2020년에 그 투자는 6~8년만에 회수 가능하게 되고 그 후 가정용과 자동차 축전용 전력은 태양광 발전시스템 수명이 다할 때까지(12년 이상)는 기본적으로 무료가 될 것이다. 태양광에너지로 자동차를 '가득' 채우는 것이 간단해질수록 〈10년 후에는 EU에서 등록되는 신차 10대 중 1대가 전기만으로 주행하는 전기자동차가 될 것이다〉라는 것이 UBS의 보수적인 예측이다.

에너지전환을 뒷받침하는 또 하나의 세력은 석탄, 석유, 천연가스 기업을 대상으로 정력적으로 활동을 벌이는 「투자 회수캠페인」이다. 빌 마키벤과 공동창립자인 단체 350.org가 시작한 이 캠페인의 영향으로 화석연료의 단계적 폐지를 위한 대응의 첫 단추가 꿰어졌다. 투자회수캠페인이 조성한 '비옥한 토양'은 전국에 흩어져 있는 대학 캠퍼스이다. 당초에는 대학기금에 관심이 모여졌지만 이후 연금기금과 개인의 투자 포트폴리오까지 대상을 확대하였다. 펀드매니저들은 점차 석탄, 석유, 천연가스 기업의 주식을 팔고 미래 에너지원에 투자하도록 독촉당하고 있다.

자신들의 에너지미래에 대해 세간의 풍조가 변함에 따라 석탄, 석유, 가스산업 관련 기업은 부정적 이미지를 갖게 될 것이다. 한 세대 전에 흡연이 건강에 초래하는 악영향 때문에 담배회사의 이미지가 악화된 것처럼 화석연료 기업은 지구 기후를 불안정하게 하고 또한 그러한 영향을 주는 자신들의 역할로 괴로워할 것이다. 담배 반대캠페인의 초점은 개인의 권리로 좁혀져 있지만 실은 문명의 미래 그 자체와도 직접적으로 연결되어 있는 것이다.

에너지전환은 결국 글로벌 경제를 대규모로 재구축하는 것이다. 이 에너지전환은 초기에는 정부 지원책에 의해 추진되었지만 지금은 시장의 힘을 그 원동력으로 삼고 있다. 오늘날 시장은 많은 지역에서 태양광과 풍력에너지를 선호하고 있기 때문에 이러한 전환은 가속화되고 있으며 예측된 것보다 훨씬 빠른 속도로 진행되고 있다.

재생에너지에 의한 발전은 최근 점점 많은 나라에서 증가하고 있기 때문에 태양광 풍력에너지가 더 이상 비주류 에너지원이 아닌 것이 분명하다. 덴마크가 1달 동안 국내 전력의 절반 이상을 풍력으로 얻고 있다면 풍력이 풍부한 여타 지역에서도 같은 것이 가능할 것이다. 영국에서 풍력이 석탄을 상회하던 날에도 무엇이 가능한지를 우리는 일부나마 파악할 수 있다. 그리고 중국에서 실제로 그러했던 것처럼 풍력발전 단지에서 발전된 전력이 원자력에 의한 전력을 상회할 때 풍력이 주류 에너지원으로 부상할 것은 분명해진다.

모든 곳에서 전력시스템의 모습이 변할 것이다. 전력시스템은 수백만 장의 태양광 패널로 구성되어 많은 경우 그것은 풍력터빈 이외, 지열과 수력발전 프로젝트로부터도 전력을 얻는 유연한 스마트 그리드로 연결될 것이다. 어떤 의미에서는 개발도상국은 유리한 입장이다. 왜냐하면 새로운 에너지경제로의 지름길을 선택할 수 있으며 국가 개발을 진행하면서 새로운 에너지경제를 구축할 수 있기 때문이다. 전화선과 전봇대를 설치할 필요도 없고 직접 휴대전화를 사용하기 시작하는 것과 완전 같은 방식으로 송전망을 정비할 필요도 없이 직접 지붕 위에 태양광 패널을 설치하면 되는 것이다.

문명이 직면하고 있는 최대의 문제는 '세계가 파괴적인 기후변화를 회피할 수 있을 정도의 속도로 에너지전환이 진전될 것인가'라는 의문이다. 누구도 확신을 가지고 이 문제에 대답할 수는 없다. 시간이 지나면 알게 될 것이라고 말하는 수밖에 없다. 그러나 가슴이 설레는 듯한 변화는 분명히 일어나고 있다. 산업혁명은 지구 기후를 불안정하게 하는 무대를 조성했다. 새로운 에너지혁명은 지구의 기후를 안정시키는 무대를 정비시키고 있다. 야심적인 재생에너지 목표는 예정보다도 수년이나 일찍 달성되고 있다. 각국의 풍력 및 태양광발전량 기록은 지속적으로 갱신되고 있다. 석탄화력발전소 폐쇄라는 승리가 늘고 새로운 클린에너지시스템이 구축되어 운송시스템의 전기화가 진전됨에 따라 상황이 크게 바뀌는 전환점을 머지않아 맞이할 것이다.

에너지전환은 '우리가 세계를 어떻게 보고 있는가'라는 점뿐만 아니라 '우리가 자기 자신을 어떻게 볼까'에도 영향을 미칠 것이다. 지붕 위 태양광 패널이 집 전력과 자동차 배터리 충전을 담당하게 되면 이제까지 불가능하다고 생각되던 "개인의 에너지 자급"이 어느 정도 가능하게 될 것이다. 우리와 자연계와의 관계도 '자연과 대립하는 관계'에서 '자연과 공조하는 관계'로 변할 것이다. 공기를 오염시키고 기후변화로 이어지는 석탄화력발전소의 연기는 우리 지붕의 태양광 패널과 빠르고 우아하게 회전하는 풍력터빈으로 교체될 것이다. "클린에너지의 시대에 오신 걸 진심으로 환영합니다."

역자 후기

　본서는 세계적인 환경정책 전문가인 레스터 브라운의 현역 마지막 저작이다. 레스터 브라운은 『The Great Transition』을 통해 현재 글로벌 규모로 에너지전환이 추진되고 있으며, 향후 10년 정도의 시일 내에 석유 의존의 구경제가 신재생에너지 중심의 신경제로 급속하게 변화할 것이라고 주장하고 있다. 이를 뒷받침하기 위해 미국, 중국, EU 등 주요 국가들에서 실제로 벌어지고 있는 상황을 예로 들면서 에너지전환이 단순한 당위의 문제가 아닌 이미 현실의 문제로 부상하고 있다는 것을 매우 설득력 있게 제시하고 있다. 2016년 4월 22일 미국과 중국이 유엔에서 세계기후변화협약에 서명한 상황에서 재생에너지 중심으로의 에너지 전환은 기후변화 방지를 위한 가장 근본적이고 시급한 대응책으로 중요성이 더욱 강조되고 있다.

역자가 에너지전환에 관심을 갖게 된 계기는 순전히 개인적인 경험에서 비롯되었다. 2011년 후쿠시마 원전사고가 발생했을때, 역자는 주일 한국대사관 선임연구원으로 재직하고 있었다. 사고 발생 이후부터는 원전정책을 비롯한 일본의 에너지정책 동향을 분석하는 것이 주된 업무가 되었다. 특히, 당시 일본 내 50여 기에 달하는 원전이 일시에 가동을 중단한 가운데, 일본 정부가 어떠한 정책으로 에너지 수급 위기를 수습해 나가는가가 주요 관심사였다. 결과적으로 보면 일본은 후쿠시마 원전사고를 거울삼아 철저한 원전안전대책 수립은 물론 높은 FIT 금액을 통한 적극적인 재생에너지 보급정책을 실시했다. 이로 인한 전력요금 인상 및 전력수급 구조 불안정 우려에 효과적으로 대처하기 위해 전력소매시장 자유화 조치도 추진하였다. 또한, 중장기적으로는 재생에너지 확대에 기초한 에너지믹스(Energy Mix)의 재구축에 힘쓰고 있다.

　한편 우리의 상황은 어떠한가. 일본과 같은 강한 외부의 자극이 없어서 그런지 에너지전환이라는 글로벌 화두에 대해 거의 관심을 두고 있지는 않는 것 같다. RPS를 통한 신재생에너지 보급정책이 실시되고는 있지만 에너지믹스 차원에서는 큰 의미를 갖기 어려운 수준에 그치고 있는 것이 사실이다. 이러한 상황에서 기후변화 관련 논의는 에너지믹스 재구축과는 다른 맥락에서 진행되고 있는 듯하다. 많은 전문가들은 우리 정부가 2015년 6월 유엔에서 온실가스를 2030년 배출 전망치 대비 37% 감축이라는 과감한 목표를 제시하였지만 에너지믹스에 대한 깊은 고려가 반영되고 있지 못해 현실성이 많이 떨어진다고 평가하고 있다.

　한편, 재생에너지 확산이 글로벌 미래 트렌드임에는 분명

하나 태양광과 육상풍력 발전은 토지를 기반으로 하는 특성을 갖고 있어 국토가 좁고 그 대부분이 산지로 구성된 우리나라는 보급 확산이 쉽지 않은 여건인 것도 사실이다. 더욱이 저성장, 저유가 기조 속에서 외부비용이 반영되지 않은 가운데 석탄과 원자력을 중심으로 한 안정적인 전력 공급을 가장 우선적으로 고려하고 있는 실정이다.(조윤택 공역자)

에너지전환은 2~3년의 단기간에 실현할 수 있는 성질의 것이 아니다. 임기응변식으로 대응하게 되면 국내 실정에 맞는 재생에너지 개발은 점점 어려워질 것이며 에너지믹스 재구축은 요원한 과제가 될 것이다. 에너지믹스 재구축이라는 글로벌 이슈에 적절하게 대응하지 못한다면 우리에게는 본서에서도 강조한 '좌초자산'만이 남을 것이다. 좌초자산의 급증은 금융 부문과 실물경제 교란을 통해 경제 위기로 이어질 수도 있다. 본서가 조금이라도 많은 독자들에게 읽혀져서 국내 에너지전환 논의를 촉발하는데 조금이나마 도움이 되기를 기대해 본다.

　　마지막으로 번역이 시간을 많이 요구하는 작업이라 본의 아니게 주변분들께 많은 신세를 졌다. 주말을 아낌없이 내어 준 부인(김봉희), 원고에 대한 조언을 아끼지 않은 형(정규하), 그리고 항상 격려해 준 대학 동기들(이형우, 이진환, 이홍돈, 정영일, 정영철, 정우성, 이형태, 정윤호, 이주호, 정진관), 라이선스 관련 법률적 조언을 해준 고운진 변호사에게도 감사하는 마음을 전하고 싶다.

역자를 대표하여

정성우

참고 문헌

* Climate, Carbon, and Stranded Assets

Atif Ansar, Ben Caldecott, and James Tilbury, *Stranded Assets and the Fossil Fuel Divestment Campaign: What Does Divestment Mean for the Valuation of Fossil Fuel Assets?* (Oxford, U.K.: University of Oxford, 2013).

Jessica Blunden and Derek S. Arndt, eds., "State of the Climate in 2013," *Bulletin of the American Meteorological Society*, vol. 95, no. 7(July 2014).

T. A. Boden, G. Marland, and R. J. Andres, "Global, Regional, and National Fossil-Fuel CO2 Emissions," in *Trends: A Compendium of Data on Global Change* (Oak Ridge, TN: Carbon Dioxide Information Analysis Center, 2013).

Carbon Disclosure Project, at www.cdp.net.

Carbon Tracker Initiative, *Unburnable Carbon,* at www.carbontracker.org.

Climate Progress Blog, at thinkprogress.org/climate.

Fossil Free, at Gofossilfree.org.

Global Carbon Project, at www.globalcarbonproject.org.

Kate Gordon et al., *Risky Business: The Economic Risks of Climate Change in the United States* (New York: 2014).

Intergovernmental Panel on Climate Change, *Climate Change 2014: Synthesis Report* (Cambridge, U.K.: Cambridge University Press, 2014).

Bill McKibben, "A Call to Arms: An Invitation to Demand Action on Climate Change," *Rolling Stone*, 21 May 2014.

World Bank, State and Trends of Carbon Pricing 2014 (Washington, DC: 2014).

World Bank, *Turn Down the Heat: Confronting the New Climate Normal* (Washington, DC: 2014).

* Coal

Carbon Tracker Initiative, *Carbon Supply Cost Curves: Evaluating Financial Risk to Coal Capital Expenditures* (London: September 2014).

Yuyu Chen et al., "Evidence on the Impact of Sustained Exposure to Air Pollution on Life Expectancy from China's Huai River Policy," *Proceedings of the National Academy of Sciences*, vol. 110, no. 32 (6 August 2013), pp. 12,936–41.

Paul R. Epstein et al., "Full Cost Accounting for the Life Cycle of

Coal," *Annals of the New York Academy of Sciences*, vol. 1219 (February 2011), pp. 73–98.

Lesley Fleischman et al., "Ripe for Retirement: An Economic Analysis of the U.S. Coal Fleet," *Electricity Journal*, vol. 26, no. 10 (December 2013).

Christian Lelong et al., *The Window for Thermal Coal Investment Is Closing* (Goldman Sachs, July 2013).

Conrad Schneider and Jonathan Banks, *The Toll from Coal: An Updated Assessment of Death and Disease from America's Dirtiest Energy Source* (Boston, MA: Clean Air Task Force, September 2010).

Li Shuo and Lauri Myllyvirta, *The End of China's Coal Boom* (Greenpeace East Asia, April 2014).

Sierra Club, Beyond Coal, at content.sierraclub.org/coal.

Ailun Yang and Yiyun Cui, *Global Coal Risk Assessment: Data Analysis and Market Research* (Washington, DC: World Resources Institute, 2012).

Anthony Yuen et al., *The Unimaginable: Peak Coal in China* (Citi Research, September 2013).

* Energy Efficiency

Advanced Energy Economy, *Advanced Energy Technologies for Greenhouse Gas Reduction* (Washington, DC: 2014).

Sara Hayes et al., *Change Is in the Air: How States Can Harness Energy Efficiency to Strengthen the Economy and Reduce Pollution* (Washington, DC: American Council for an Energy-Efficient Economy, 2014).

International Energy Agency, *Capturing the Multiple Benefits of Energy Efficiency* (Paris: 2014).

International Energy Agency, *Energy Efficiency Market Report* (Paris: 2014).

International Energy Agency, *Light's Labour's Lost: Policies for Energy-Efficient Lighting* (Paris: 2006).

Rocky Mountain Institute, at www.rmi.org.

* Geothermal

Magnus Gehringer and Victor Loksha, *Geothermal Handbook: Planning and Financing Power Generation* (Washington, DC: Energy Sector Management Assistance Program, June 2012).

Geothermal Energy Association, at www.geo-energy.org.

Juliana Glenn and Benjamin Matek, *The Status of Geothermal Power in Emerging Economies* (Washington, DC: Geothermal Energy Association, October 2014).

Roland N. Horne and Jefferson W. Tester, "Geothermal Energy: An

Emerging Option for Heat and Power," *The Bridge*, vol. 44, no. 1 (Spring 2014), pp. 7–15.

International Geothermal Association, at www.geothermal- energy.org.

John W. Lund and Tonya L. Boyd, "Direct Utilization of Geothermal Energy 2015 Worldwide Review," prepared for World Geothermal Congress 2015, Melbourne, Australia, 19–25 April 2015.

Joseph N. Moore and Stuart F. Simmons, "More Power from Below," *Science*, vol. 340, no. 6,135 (24 May 2013), pp.933–34.

Árni Ragnarsson, "Geothermal Development in Iceland 2005–2009," presented at World Geothermal Congress 2010, Bali, Indonesia, 25–29 April 2010.

Jefferson Tester et al., *The Future of Geothermal Energy: Impact of Enhanced Geothermal Systems (EGS) on the United States in the 21st Century* (Cambridge, MA: Massachusetts Institute of Technology, 2006).

ThinkGeoEnergy, at thinkgeoenergy.com.

U.S. Department of Energy, Frontier Observatory for Research in Geothermal Energy (FORGE), at energy.gov/eere/forge.

* Hydropower

American Rivers, at www.americanrivers.org.

Atif Ansar et al., "Should We Build More Large Dams? The Actual Costs of Hydropower Megaproject Development," *Energy Policy*, vol. 69, no. 2 (June 2014), pp. 43–56.

International Commission on Large Dams, at www.icold-cigb.org.

International Energy Agency, *Hydropower Technology Roadmap 2012* (Paris: 2012).

International Rivers, *State of the World's Rivers* (Berkeley, CA: 2014), at www.internationalrivers.org.

Ruud Kempener and Frank Neumann, *Tidal Energy Technology Brief and Wave Energy Technology Brief* (Abu Dhabi, United Arab Emirates: International Renewable Energy Agency, 2014).

Heng Liu, Lara Esser, and Diego Masera, eds., *World Small Hydropower Development Report 2013* (Vienna and Hangzhou, China: United Nations Industrial Development Organization and International Center on Small Hydro Power, 2013).

Andreas Maeck, "Sediment Trapping by Dams Creates Methane Emission Hot Spots," *Environmental Science and Technology,* vol. 47, no. 15 (25 June 2013), pp. 8,130–37.

U.S. Department of Energy, Energy Information Administration, "Hydropower Explained," at www.eia.gov/ energyexplained/index. cfm?page=hydropower_home.

Christiane Zarfl et al., "A Global Boom in Hydropower Dam Construction" *Aquatic Sciences,* vol. 77, no. 1 (1 January 2015), pp. 161–70.

* Nuclear

Mark Cooper, *Public Risk, Private Profit; Ratepayer Cost, Utility Imprudence* (South Royalton, VT: Institute for Energy and the Environment, Vermont Law School, March 2013).

Henry Fountain, "Chernobyl: Capping a Catastrophe," *New York Times,* 27 April 2014.

International Atomic Energy Agency, *Power Reactor Information System,* database at www.iaea.org/pris.

Amory B. Lovins, "The Economics of a U.S. Civilian Nuclear Phase-out," *Bulletin of the Atomic Scientists,* vol. 69, no. 2 (March/April 2013).

Oliver Morton, "Special Report: Nuclear Energy—The Dream That Failed," *The Economist,* 10 March 2012.

Mycle Schneider and Antony Froggatt, *The World Nuclear Industry Status Report 2014* (Washington, D.C.: July 2014).

Union of Concerned Scientists, "Nuclear Power," at www.ucsusa.org/our-work/nuclear-power.

U.S. Nuclear Regulatory Commission, "Backgrounder on Chernobyl Nuclear Power Plant Accident," "Backgrounder on Nuclear Insurance and Disaster Relief," and "Backgrounder on the Three Mile Island Accident," at www.nrc.gov.

World Nuclear Association, at www.world-nuclear.org.

* Oil and Natural Gas

Concerned Health Professionals of New York, *Compendium of Scientific, Medical, and Media Findings Demonstrating Risks and Harms of Fracking (Unconventional Gas And Oil Extraction)* (New York: 2014).

Russell Gold, *The Boom: How Fracking Ignited the American Energy Revolution and Changed the World* (New York: Simon and Schuster, 2014).

Robert W. Howarth, "A Bridge to Nowhere: Methane Emissions and the Greenhouse Gas Footprint of Natural Gas," *Energy Science and Engineering,* vol. 2, no. 2 (June 2014), pp. 47–60.

Mason Inman, "How to Measure the True Cost of Fossil Fuels," *Scientific American,* vol. 308, no. 4 (April 2013).

Michael Klare, *The Race for What's Left: The Global Scramble for the World's Last Resources* (London: Picador, 2012).

* Renewable Energy–General

Bloomberg New Energy Finance, Multilateral Investment Fund, U.K. Department for International Development, and Power Africa, *Climatescope 2014: Mapping the Global Frontiers for Clean Energy Investment* (London: 2014).

Bloomberg New Energy Finance, United Nations Environment Programme, and Frankfurt School of Finance & Management, *Global Trends in Renewable Energy Investment 2014* (Frankfurt, Germany: 2014).

Database of State Incentives for Renewables & Efficiency, at www.dsireusa.org.

Mark A. Delucchi and Mark Z. Jacobson, "Providing All Global Energy with Wind, Water, and Solar Power, Part II: Reliability, System and Transmission Costs, and Policies," *Energy Policy,* vol. 29 (2011).

Justin Gillis, "Sun and Wind Alter Global Landscape, Leaving Utilities Behind," *New York Times,* 13 September 2014.

Greentech Media, at www.greentechmedia.com.

International Energy Agency, *Energy Technology Perspectives 2014* (Paris: 2014).

International Energy Agency, *World Energy Outlook 2014* (Paris: 2014).

International Renewable Energy Agency, *REthinking Energy 2014* (Abu

Dhabi: 2014).

Mark Z. Jacobson and Mark A. Delucchi, "Providing All Global Energy with Wind, Water, and Solar Power, Part I: Technologies, Energy Resources, Quantities and Areas of Infrastructure and Materials," *Energy Policy,* vol. 29 (2011).

Lazard, *Lazard's Levelized Cost of Energy Analysis* (New York: 2014).

REN21, *Renewables 2014 Global Status Report* (Paris: 2014).

Sven Teske et al., *Greenpeace, Energy [R]evolution* (Washington, DC, and Brussels: Greenpeace and Global WindEnergy Council, 2014).

U.S. Environmental Protection Agency, "Green Power Partnership," at www.epa.gov/greenpower.

Ethan Zindler et al., *2014 Sustainable Energy in America Factbook* (Bloomberg New Energy Finance, 2014).

* Solar

David Biello, "Solar Wars," *Scientific American,* vol. 311 (November 2014).

European Photovoltaic Industry Association, *Global Market Outlook for Photovoltaics 2014–2018* (Brussels: May 2014).

GTM Research and Solar Energy Industries Association, U.S. Solar Market Insight, quarterly and annual reports at www.seia.org/research-resources/us-solar-market-insight.

Franz Mauthner and Werner Weiss, *Solar Heat Worldwide: Markets and Contribution to the Energy Supply 2012* (Gleisdorf, Austria: International Energy Agency, Solar Heating & Cooling Programme, June 2014).

John Perlin, *Let It Shine: The 6,000-Year Story of Solar Energy* (Novato, CA: New World Library, 2013).

David Roberts, "Utilities for Dummies" series, at grist.org/ series/ utilities-for-dummies.

Vishal Shah, Jerimiah Booream-Phelps, and Susie Min, *2014 Outlook: Let the Second Gold Rush Begin* (New York: Deutsche Bank Markets Research, January 2014).

Solar Energy Industries Association, at www.seia.org.

UBS Ltd., "Will Solar, Batteries and Electric Cars Re-shape the Electricity System?" (Zurich: 20 August 2014).

U.S. Department of Energy, "2014: The Year of Concentrating Solar Power," fact sheet (Washington, D.C.: May 2014).

U.S. Department of Energy, SunShot Initiative, at energy.gov/eere/ sunshot.

* Transportation and Cities

Bike-Sharing World Map, at www.bikesharingworld.com.

Benjamin Davis and Phineas Baxandall, *Transportation in Transition* (Boston: U.S. PIRG Education Fund and Frontier Group, December 2013).

Tony Dutzik and Phineas Baxandall, *A New Direction: Our Changing Relationship with Driving and the Implications for America's Future* (Boston: U.S. PIRG Education Fund and Frontier Group, 2013).

Institute for Transportation and Development Policy, at www.itdp.org.

International Energy Agency, "Transport," at www.iea.org/topics/transport.

Janet Larsen, "Bike-Sharing Programs Hit the Streets in Over 500 Cities Worldwide," *Plan B Update* (Washington, D.C.: Earth Policy Institute, 25 April 2013).

National Complete Streets Coalition, at www.smartgrowthamerica.org/complete-streets.

John Pucher and Ralph Buehler, eds., *City Cycling* (Cambridge, MA: The MIT Press, 2012).

Susan Shaheen and Adam Cohen, *Innovative Mobility Carsharing Outlook* (Berkeley, CA: Transportation Sustainability Research Center–University of California, Berkeley, Summer 2014).

Michael Sivak, *Has Motorization in the U.S. Peaked?* (Ann Arbor, MI: University of Michigan Transportation Research Institute, 2014).

U.S. Environmental Protection Agency, *Light-Duty Automotive Technology, Carbon Dioxide Emissions, and Fuel Economy Trends: 1975 through 2014* (Washington, D.C.: 2014).

* Wind

American Wind Energy Association, at www.awea.org.

Cristina L. Archer and Mark Z. Jacobson, "Supplying Baseload Power and Reducing Transmission Requirements by Interconnecting Wind Farms," *Journal of Applied Meteorology and Climatology,* vol. 46 (November 2007), pp. 1,701–17.

Global Wind Energy Council, *Global Wind Report: Annual Market Update 2013* (Brussels: 2014).

Xi Lu, Michael B. McElroy, and Juha Kiviluoma, "Global Potential for Wind-Generated Electricity," *Proceedings of the National Academy of Sciences,* vol. 106, no. 27 (7 July 2009), pp. 10,933–38.

Navigant Consulting, Inc., *Offshore Wind Market and Economic Analysis: 2014 Annual Market Assessment* (Burlington, MA: September 2014).

Christian von Hirschhausen, "The German 'Energiewende' — An

Introduction," *Economics of Energy & Environmental Policy,* vol. 3, no. 2 (2014), pp. 1–12.

Ryan Wiser and Mark Bolinger, *2013 Wind Technologies Market Report* (Washington, D.C.: U.S. Department of Energy, Office of Energy Efficiency & Renewable Energy, August 2014).

Justin Wu, "BNEF University: How Innovation is Driving System Change," presentation at The Future of Energy Summit 2014, New York, 7 April 2014.

지은이

• 레스터 브라운 Lester R. Brown

2001년 5월 워싱턴 D.C.를 본거지로 하는 학제적 비영리연구기관 지구정책연구소를 설립. 동 연구소 소장 역임. 문명을 유지시키기 위한 계획 책정 및 그것을 달성하기까지의 로드맵 제시를 목적으로 삼고 있다. 워싱턴 포스트지에서는 「세계에서 가장 영향력 있는 사상가 중 1인」으로 선정되었다. 1986년에는 미국 의회도서관 의뢰로 연구논문이 동 도서관에 영구소장되었다. 약 40년 전－「환경적으로 지속가능한 발전」의 개념－「플랜B」로 구체화된 개념을 창시하는 원동력이 되었다. 월드워치연구소 창립 이래 26년에 걸쳐 소장을 역임했다. 이제까지 저자 및 공저로 53권의 책을 출판하고 25개의 명예학위를 수여했다. 저작은 40개국 이상의 언어로 번역되었고 세계에서 가장 폭넓은 지역에서 책이 출판된 저자의 한 명으로 알려져 있다. 맥아더 펠로이며 1987년 국제연합 환경상, 1989년 세계자연보호기금(WWF) 금상 등 수 많은 상을 수여했다. 또한, 1994년에는 '지구환경문제 해결에 크게 공헌'하여 일본의 블루 플래닛상을 수여했다. 최근에는 이탈리아대통령 훈장을 수여하였다. 중국에서는 중국과학원을 포함한 3개 대학에서 명예교수에 임명되었다.

옮긴이

• 정성우

연세대 경영학과 졸업. 일본 홋카이도대학에서 자원순환을 주제로 석사 및 박사학위를 취득하였다. 일본 아시아경제연구소(IDE) 특별연구원 역임. 주일 한국대사관 선임연구원 재직기간 중, 후쿠시마 원전사고를 겪으면서 에너지전환에 관심을 갖게 되었다. 공저로 『International Trade in Recyclable Hazardous Waste in Asia』(Edward Elgar Publishing)과 『비즈니스 관점에서 자원순환사회 바라보기』(어문학사)가 있다.

• 조윤택

연세대 생명공학과 및 서울대 환경대학원 석사 졸업. 연세대 대학원 기술정책협동과정 박사과정을 수료했다. 대한상공회의소를 거쳐 포스코경영연구원에서 에너지/환경시장 및 정책과 관련한 업무를 수행 중이다. 포스코경영연구원 친디아플러스(Chindia Plus) 편집위원을 맡고 있다.

에너지 대전환

— 화석연료 기반경제의 붕괴와 新에너지 경제의 부상 —

초판 1쇄 발행일 2016년 05월 20일

지은이 레스터 브라운
옮긴이 정성우·조윤택
펴낸이 박영희
책임편집 김영림
디자인 박희경
마케팅 임자연
인쇄·제본 태광 인쇄
펴낸곳 도서출판 어문학사
　　　　서울특별시 도봉구 쌍문동 523−21 나너울 카운터 1층
　　　　대표전화: 02-998-0094/편집부1: 02-998-2267, 편집부2: 02-998-2269
　　　　홈페이지: www.amhbook.com
　　　　트위터: @with_amhbook
　　　　페이스북: https://www.facebook.com/amhbook
　　　　블로그: 네이버 http://blog.naver.com/amhbook
　　　　다음 http://blog.daum.net/amhbook
　　　　e−mail: am@amhbook.com
　　　　등록: 2004년 4월 6일 제7−276호

ISBN 978-89-6184-411-6 03320
정가 18,000원

이 도서의 국립중앙도서관 출판예정도서목록(CIP)은 e-CIP홈페이지(http://www.nl.go.kr/ecip)와
국가자료공동목록시스템(http://www.nl.go.kr/kolisnet)에서 이용하실 수 있습니다.
(CIP제어번호: CIP 2016011404)